특 허 증
CERTIFICATE OF PATENT

특 허 제 0525479 호 　　출원번호 제 2003-0063714 호
(PATENT NUMBER)　　　　　　(APPLICATION NUMBER)

　　　　　　　　　　　　　　출 원 일　　2003년 09월 15일
　　　　　　　　　　　　　　(FILING DATE:YY/MM/DD)

　　　　　　　　　　　　　　등 록 일　　2005년 10월 25일
　　　　　　　　　　　　　　(REGISTRATION DATE:YY/MM/DD)

발명의명칭 (TITLE OF THE INVENTION)
　　　한자학습교재

특허권자 (PATENTEE)
　　　김영준(450117-1******)

　　　경기도 성남시 중원구 상대원1동 152-3 삼익아파트 102-508

발명자 (INVENTOR)
　　　김영준(450117-1******)

　　　경기도 성남시 중원구 상대원1동 152-3 삼익아파트 102-508

위의 발명은 「특허법」에 의하여 특허등록원부에 등록
되었음을 증명합니다.
(THIS IS TO CERTIFY THAT THE PATENT IS REGISTERED ON THE REGISTER OF THE KOREAN INTELLECTUAL PROPERTY OFFICE.)

　　　　　　　　　　　　　　　　　2005년 10월 25일

COMMISSIONER, THE KOREAN INTELLECTUAL PROPERTY OFFICE

저자 약력

- 남원 서당 南軒 吳奎烈 선생 師事
- 판소리 蓮堂 文孝心, 東丘 金二坤 선생 師事
- 고려대학교 교육대학원 CEO 최고위과정 수료
- 발명특허 한자학습교재 개발 (특허 제 0525479호)
- 발명특허 한자학습교재 개발 (특허 제 0615680호)
- 경기 성남 금상초등학교, 성남초등학교 특기적성교사
- 통일부 하나원, 성남문화원, 서현문화의집 강사
- 건국대학교, 한국능률협회, CBS교육문화센터 강사
- (사)한중문자교류협회·한중상용한자능력검정회장
- 한국한자학습개발원 원장

특허받은 쉬운한자 검정대비를 위한-
초등한자 ⑤ 5급 -500자-

2022년11월 30일 제판 6쇄 인쇄
2024년 1월 10일 제판 7쇄 발행

엮은이	김 영 준
펴낸이	박 종 수
펴낸곳	태평양저널
주 소	서울특별시 영등포구 신길동 337
전 화	02) 834-1806
팩 스	02) 834-1802
등 록	1991년 5월 3일(제03-00468)

※ 본 교재는 저작권 등록 및 특허 등록된 저작물입니다.
　무단복제를 금하며 동일유사하게 모방하는 행위는
　법의 저촉을 받습니다.

　잘못 만들어진 책은 바꾸어 드립니다.

　ISBN 89-9064234-5

정　가　8,000원

- 차 례 -

이 책의 특징	4
머 리 말	5
본 교재의 교수 학습방법	6
7급 (100자) 훈,음,표	7
6급 (200자) 훈,음,표	9
6급 (300자) 훈,음,표	11
5급Ⅱ (400자) 훈,음,표	13
5급 (450자) 훈,음,표	15
5급 (500자) 훈,음,표	17
사자성어 익히기	19
본 교재의 학습방법 및 학습순서	21
5급(11) 한자의 훈과 음 쓰기	23
예상문제 및 정답	29
5급(12) 한자의 훈과 음 쓰기	35
예상문제 및 정답	41
5급(13) 한자의 훈과 음 쓰기	47
예상문제 및 정답	53
5급(14) 한자의 훈과 음 쓰기	59
예상문제 및 정답	65
5급(15) 한자의 훈과 음 쓰기	71
예상문제 및 정답	77
5급(16) 한자의 훈과 음 쓰기	83
예상문제 및 정답	93
5급(17) 한자의 훈과 음 쓰기	95
예상문제 및 정답	101
5급(18) 한자의 훈과 음 쓰기	107
예상문제 및 정답	113
5급(19) 한자의 훈과 음 쓰기	119
예상문제 및 정답	125
5급(20) 한자의 훈과 음 쓰기	131
예상문제 및 정답	137
사자소학	142
5급Ⅱ(1) 기출·예상문제 및 정답	143
5급Ⅱ(2) 기출·예상문제 및 정답	147
5급(3) 기출·예상문제 및 정답	151
5급(4) 기출·예상문제 및 정답	155
5급(5) 기출·예상문제 및 정답	159
부수자(部,首,字)-244자 일람표	163

이 책의 특징

1. 본문을 한자의 ① 훈 음 ② 독음 ③ 한자어의 뜻으로 간결하게 구성하여, 한자의 삼요소(三要素)를 효과적으로 익힐 수 있도록 하였다.

2. 본문의 '이고요' 부분에는 새로 나온 한자의 훈 음과 독음을 적어 놓았고, '입니다' 부분에는 이전에 배운 한자로 조어(造語)된 낱말의 뜻을 간명하게 설명하여 국어의 정확한 뜻을 확실하게 알 수 있도록 하였다.

3. 효과적인 학습전략으로 10자를 익힌 후 곧바로 한자능력검정시험 유형의 '예상문제' 란을 만들어 폭넓은 한자 활용능력을 숙달(熟達) 시키고, 한자능력검정시험에 이력이 나도록 하였다.

4. 특히, 급수에 따른 세분화로 단계별 핵심정리하였습니다.
   초등한자(1~6단계), 중등한자(1~3단계), 고등한자(1~3단계)로 하였다.

▶ 漢字는 모든 교과목의 밑거름이다

초등학교 때의 학습능력은 단어실력에 있고, 교과목에 나오는 **낱말의 뜻을 정확하게 이해**하는 것이 관건이므로 한자는 모든 과목의 밑거름이 되다.

▶ 漢字는 학업의 성적을 좌우하는 요소다

고학년으로 올라갈수록 **의미 파악이 힘든 학습용어**가 대거 등장하므로 한자실력이 학업의 성적을 좌우하는 결정적인 요소가 되다.

▶ 漢字는 교육의 성공을 보장받는 지름길이다

초등학교 1학년부터 꾸준히 한자 어휘력을 통하여 기초학력을 튼튼히 다져두는 것이 중등 및 고등 교육의 성공을 보장받는 지름길이다.

▶ 漢字는 개인과 국가의 경쟁력이다

한자를 많이 알면 **한국어, 중국어, 일본어** 등을 잘 할 수 있으므로 개인은 물론 국가경쟁력을 높일 수 있는 강력한 무기이다.

▶ 漢字는 동북아 교류의 디딤돌이다

한자는 **중국과 일본, 대만 등 한자문화권 국가들**과의 정치, 경제, 문화교류에 긍정적인 효과를 낼 수 있는 동북아교류의 디딤돌이다.

머리말

최근 중국이 경제대국으로 급부상하고 중국과의 교역량이 증대되면서 한자교육에 대한 관심이 고조되고 있습니다.

2009년 11월 초등학교 한자교육의 필요성에 대하여 「한국교육과정평가원」의 설문 조사에 의하면 교사 77.3%, 학부모 89.1%가 초등학교 한자교육을 찬성한 것으로 나타나고 있습니다.

중국이 우리나라의 최대 교역국으로 부상하고 동북아 3국이 한자문화권으로 세계경제의 중심역할을 맡고 있는 지금 한자교육은 국가경쟁력의 중요한 요소가 되고 있습니다.

필자는 2,001년부터 성남시 하대원동·단대동 주민자치센터 강사를 시작으로 성남시 금상초등학교·성남초등학교 특기적성교사로 재직하고 있는 오늘에 이르기까지 줄곧 어린이 한자 교육과 함께 학습교재와 교수학습 방법에 대한 연구에 몰두해 왔습니다.

본 교재는 '발명특허 제 0525479호'의 학습교재로, 한자의 ①훈 음, ②독 음, ③한자어의 뜻을 7.5조(일곱 자, 다섯 자)의 음조로 간결하게 구성하여, 본문을 동요처럼 읽으며 한자의 삼요소를 효과적으로 익힐 수 있도록 하였습니다.

출판에 앞서 「방과 후 특기적성 한자부」에서 초등학교 어린이들을 대상으로 수년간 한자교육을 해온 결과 아이들이 쉽고 재미있게 학습함으로써, 학생과 학부모들로부터 그 실효를 인정받은 교재입니다.

이 교재가 학생들이 어렵지 않게 공부할 수 있는 학습서로서 초등학교 한자교육 활성화에 도움이 되기를 바랍니다.

2011년 10월 琴丘 金 泳 俊

본 교재의 교수-학습방법

※ 본 교재는 **발명특허** 한자 학습교재로
학습자 스스로 자기주도로 공부할 수 있는 교재이므로
선생님은 지도하기 쉽고, 학생은 어렵지 않게 공부할 수 있는 학습서입니다.

⇨ 학생은 본문 학습·한자 쓰기를 하고, 선생님께 【읽기점검】 을 한다.

⇨ 교사는 '한자쓰기' 후 오늘 배운 글자를 【읽기점검】 하고
점검일자를 표기한다. 월/일㊞ ※(예: 16쪽 / 405자 說 ~ 束까지)

① (가로로) 훈 음 읽기

說(말씀 설) 性(성품 성) 洗(씻을 세) 歲(해 세) 束(묶을 속)

② (거꾸로) 훈 음 읽기

束(묶을 속) 歲(해 세) 洗(씻을 세) 性(성품 성) 說(말씀 설)

③ 한자어 읽기

말씀 설, 밝을 명, **설명**   성품 성, 바탕 질, **성질**   씻을 세, 수레 차, **세차**
해 세, 달 월, **세월**   맺을 약, 묶을 속, **약속**

④ 배운 글자까지 (세로로) 훈 음 읽기 ※예: 410자 識(알 식)까지 배웠다면?

說(말씀 설) 首(머리 수) 性(성품 성) 宿(잘 숙) 洗(씻을 세)
順(순할 순) 歲(해 세) 示(보일 시) 束(묶을 속) 識(알 식) 월/일㊞

⇨ 교사는 수시로 【100자 단위로 읽기점검】 하고
점검일자를 표기한다. 월/일㊞ ※(예: 14쪽 / 400자) 세로로 훈 음 읽기

加 格 告 舊 吉 都 令 望 比 産 可 見 曲 局 念 獨 領 買 費 相
價 決 課 貴 能 落 勞 賣 鼻 商 改 結 過 規 團 朗 料 無 氷 賞

⑤ - 6

7급 (100자) 훈음표

* 의 표시는 두 개 이상의 훈 음을 갖고 있는 글자임

一	二	三	四	五	六	七	八	九	十
한 일	두 이	석 삼	넉 사	다섯 오	여섯 륙	일곱 칠	여덟 팔	아홉 구	열 십
日	月	火	水	木	*金	土	寸	女	王
날 일	달 월	불 화	물 수	나무 목	쇠 금 / 성 김	흙 토	마디 촌	계집 녀	임금 왕
人	民	山	外	大	中	小	年	長	門
사람 인	백성 민	메 산	바깥 외	큰 대	가운데 중	작을 소	해 년	긴 장	문 문
靑	白	父	母	兄	弟	先	生	敎	室
푸를 청	흰 백	아비 부	어미 모	형 형	아우 제	먼저 선	날 생	가르칠 교	집 실
東	西	南	*北	學	校	萬	軍	韓	國
동녘 동	서녘 서	남녘 남	북녘 북 / 달아날 배	배울 학	학교 교	일만 만	군사 군	나라 한	나라 국
家	歌	間	江	*車	工	空	口	記	氣
집 가	노래 가	사이 간	강 강	수레 차 / 수레 거	장인 공	빌 공	입 구	기록할 기	기운 기
旗	男	內	農	答	道	冬	同	*洞	動
기 기	사내 남	안 내	농사 농	대답 답	길 도	겨울 동	한가지 동	골 동 / 밝을 통	움직일 동
登	來	力	老	里	林	立	每	面	名
오를 등	올 래	힘 력	늙을 로	마을 리	수풀 림	설 립	매양 매	낯 면	이름 명
命	文	問	物	方	百	夫	不	事	算
목숨 명	글월 문	물을 문	물건 물	모 방	일백 백	지아비 부	아닐 불	일 사	셈 산
上	色	夕	姓	世	少	所	手	數	市
윗 상	빛 색	저녁 석	성 성	인간 세	적을 소	바 소	손 수	셈 수	저자 시

(100자) ▶ 「세로로 읽기점검」을 하고, 점검일자를 표기한다. 월/일

一	二	三	四	五	六	七	八	九	十
一月	二日	三十	四年	五年	六月	七日	八十	九十	十月
日	月	火	水	木	金	土	寸	女	王
日	月	火	水	木	金	土	四寸	女軍	王室
人	民	山	外	大	中	小	年	長	門
軍人	國民	青山	外國	大王	中國	小人	學年	長女	校門
青	白	父	母	兄	弟	先	生	教	室
青軍	白軍	父母	母女	長兄	兄弟	先生	生日	教室	室外
東	西	南	北	學	校	萬	軍	韓	國
東門	西山	南韓	北韓	學校	校長	十萬	國軍	韓國	國土
家	歌	間	江	車	工	空	口	記	氣
家門	校歌	中間	江山	白車	工事	空白	人口	日記	人氣
旗	男	內	農	答	道	冬	同	洞	動
國旗	男女	國內	農土	正答	國道	秋冬	同門	洞民	生動
登	來	力	老	里	林	立	每	面	名
登校	來年	學力	老母	洞里	農林	國立	每日	外面	名山
命	文	問	物	方	百	夫	不	事	算
生命	文人	學問	文物	東方	百萬	農夫	不動	記事	算數
上	色	夕	姓	世	少	所	手	數	市
年上	青色	七夕	同姓	世上	少女	名所	手記	數年	市長

월/일 ① / ② / ③ / ④ / ⑤ /

6급 (200자) 훈음표

* 의 표시는 두 개 이상의 훈 음을 갖고 있는 글자임

時	食	植	心	安	語	然	午	右	有
때 시	밥 식	심을 식	마음 심	편안 안	말씀 어	그럴 연	낮 오	오른 우	있을 유
育	邑	入	子	字	自	場	全	前	電
기를 육	고을 읍	들 입	아들 자	글자 자	스스로 자	마당 장	온전 전	앞 전	번개 전
正	祖	足	左	主	住	重	地	紙	直
바를 정	할아비 조	발 족	왼 좌	주인 주	살 주	무거울 중	따 지	종이 지	곧을 직
川	千	天	草	村	秋	春	出	*便	平
내 천	일천 천	하늘 천	풀 초	마을 촌	가을 추	봄 춘	날 출	편할 편 똥오줌 변	평평할 평
下	夏	漢	海	花	話	活	孝	後	休
아래 하	여름 하	한나라 한	바다 해	꽃 화	말씀 화	살 활	효도 효	뒤 후	쉴 휴
各	角	感	強	開	京	界	計	古	苦
각각 각	뿔 각	느낄 감	강할 강	열 개	서울 경	지경 계	셀 계	예 고	쓸 고
高	功	公	共	果	科	光	交	區	球
높을 고	공 공	공평할 공	한가지 공	실과 과	과목 과	빛 광	사귈 교	구분할 구	공 구
郡	近	根	今	急	級	多	短	堂	代
고을 군	가까울 근	뿌리 근	이제 금	급할 급	등급 급	많을 다	짧을 단	집 당	대신할 대
待	對	度	圖	*讀	童	頭	等	*樂	例
기다릴 대	대할 대	법도 도	그림 도	읽을 독 구절 두	아이 동	머리 두	무리 등	즐길 락 노래 악	법식 례
禮	路	綠	利	*李	理	明	目	聞	米
예도 례	길 로	푸를 록	이할 리	오얏 리 성 리	다스릴 리	밝을 명	눈 목	들을 문	쌀 미

(200자) ▶ 「세로로 읽기점검」을 하고, 점검일자를 표기한다. 월/일㉠

時	食	植	心	安	語	然	午	右	有
生時	食間	植木	一心	安心	語文	天然	上午	右手	有力
育	邑	入	子	字	自	場	全	前	電
生育	邑民	入口	父子	文字	自立	市場	全力	事前	電力
正	祖	足	左	主	住	重	地	紙	直
正道	祖父	不足	左手	主力	住所	二重	土地	紙面	直前
川	千	天	草	村	秋	春	出	便	平
山川	千金	天地	草食	農村	立秋	立春	出口	便紙	不平
下	夏	漢	海	花	話	活	孝	後	休
下山	春夏	漢江	海軍	花草	手話	活動	孝女	先後	休日
各	角	感	強	開	京	界	計	古	苦
各國	角木	感動	強國	開校	上京	各界	家計	古物	苦學
高	功	公	共	果	科	光	交	區	球
高級	功名	公正	共同	成果	學科	日光	交代	區別	地球
郡	近	根	今	急	級	多	短	堂	代
郡民	近海	根本	今日	急行	一級	多數	短文	食堂	代金
待	對	度	圖	讀	童	頭	等	樂	例
待命	對話	年度	地圖	讀書	童心	白頭	一等	苦樂	例年
禮	路	綠	利	李	理	明	目	聞	米
禮物	道路	綠色	便利	李花	事理	明白	目前	所聞	白米

월/일㉠ ① / ② / ③ / ④ / ⑤ /

6급 (300자) 훈음표

* 의 표시는 두 개 이상의 훈 음을 갖고 있는 글자임

美	朴	反	半	班	發	放	番	別	病
아름다울 미	성 박	돌이킬 반	반 반	나눌 반	필 발	놓을 방	차례 번	다를 별	병 병
服	本	部	分	死	使	社	書	石	席
옷 복	근본 본	떼 부	나눌 분	죽을 사	부릴 사	모일 사	글 서	돌 석	자리 석
線	雪	成	省	消	速	孫	樹	術	習
줄 선	눈 설	이룰 성	살필 성	사라질 소	빠를 속	손자 손	나무 수	재주 술	익힐 습
勝	始	式	身	信	神	新	失	愛	夜
이길 승	비로소 시	법 식	몸 신	믿을 신	귀신 신	새 신	잃을 실	사랑 애	밤 야
野	弱	藥	洋	陽	言	業	永	英	溫
들 야	약할 약	약 약	큰바다 양	볕 양	말씀 언	업 업	길 영	꽃부리 영	따뜻할 온
用	勇	運	園	遠	由	油	銀	音	飮
쓸 용	날랠 용	옮길 운	동산 원	멀 원	말미암을 유	기름 유	은 은	소리 음	마실 음
衣	意	醫	者	作	昨	章	才	在	戰
옷 의	뜻 의	의원 의	놈 자	지을 작	어제 작	글 장	재주 재	있을 재	싸움 전
定	庭	第	題	朝	族	注	晝	集	窓
정할 정	뜰 정	차례 제	제목 제	아침 조	겨레 족	부을 주	낮 주	모을 집	창 창
淸	體	親	太	通	特	表	風	合	*行
맑을 청	몸 체	친할 친	클 태	통할 통	특별할 특	겉 표	바람 풍	합할 합	다닐 행 항렬 항
幸	向	現	形	號	和	畵	黃	會	訓
다행 행	향할 향	나타날 현	모양 형	이름 호	화할 화	그림 화	누를 황	모일 회	가르칠 훈

(300자) ▶ 「세로로 읽기점검」을 하고, 점검일자를 표기한다. 월/일㉠

美	朴	反	半	班	發	放	番	別	病
美國	朴氏	反省	半分	班長	發明	放學	番號	別室	病苦
服	本	部	分	死	使	社	書	石	席
洋服	本來	部分	分明	病死	使用	社會	書信	石油	出席
線	雪	成	省	消	速	孫	樹	術	習
光線	白雪	成立	自省	消失	速成	後孫	樹木	手術	自習
勝	始	式	身	信	神	新	失	愛	夜
勝戰	始動	正式	身分	信用	神通	新人	失物	愛用	夜間
野	弱	藥	洋	陽	言	業	永	英	溫
野外	弱者	藥草	海洋	夕陽	言行	農業	永遠	英才	溫度
用	勇	運	園	遠	由	油	銀	音	飮
用語	勇者	運動	花園	遠近	由來	注油	銀行	音樂	飮食
衣	意	醫	者	作	昨	章	才	在	戰
衣服	意向	醫術	記者	作家	昨今	文章	天才	在京	交戰
定	庭	第	題	朝	族	注	晝	集	窓
特定	庭園	第一	主題	朝夕	民族	注入	晝夜	集會	窓門
淸	體	親	太	通	特	表	風	合	行
淸算	體育	親交	太古	通話	特色	表現	風習	合意	行動
幸	向	現	形	號	和	畵	黃	會	訓
幸運	向上	現代	形式	番號	平和	名畵	黃金	會同	社訓

월/일㉡ ① / ② / ③ / ④ / ⑤ /

5급 II (400자) 훈음표

*의 표시는 두 개 이상의 훈 음을 갖고 있는 글자임

加	可	價	改	客	去	擧	件	建	健
더할 가	옳을 가	값 가	고칠 개	손 객	갈 거	들 거	물건 건	세울 건	굳셀 건
格	*見	決	結	景	敬	輕	競	固	考
격식 격	볼 견 뵈올 현	결단할 결	맺을 결	볕 경	공경 경	가벼울 경	다툴 경	굳을 고	생각할 고
告	曲	課	過	關	觀	廣	橋	具	救
고할 고	굽을 곡	과정 과	지날 과	관계할 관	볼 관	넓을 광	다리 교	갖출 구	구원할 구
舊	局	貴	規	給	己	技	汽	基	期
예 구	판 국	귀할 귀	법 규	줄 급	몸 기	재주 기	물끓는김 기	터 기	기약할 기
吉	念	能	團	壇	談	當	德	到	島
길할 길	생각 념	능할 능	둥글 단	단 단	말씀 담	마땅 당	큰 덕	이를 도	섬 도
都	獨	落	朗	冷	良	量	旅	歷	練
도읍 도	홀로 독	떨어질 락	밝을 랑	찰 랭	어질 량	헤아릴 량	나그네 려	지날 력	익힐 련
令	領	勞	料	流	類	陸	馬	末	亡
하여금 령	거느릴 령	일할 로	헤아릴 료	흐를 류	무리 류	뭍 륙	말 마	끝 말	망할 망
望	買	賣	無	倍	法	變	兵	福	奉
바랄 망	살 매	팔 매	없을 무	곱 배	법 법	변할 변	병사 병	복 복	받들 봉
比	費	鼻	氷	士	仕	史	思	查	寫
견줄 비	쓸 비	코 비	얼음 빙	선비 사	섬길 사	사기 사	생각 사	조사할 사	베낄 사
産	相	商	賞	序	仙	船	善	選	鮮
낳을 산	서로 상	장사 상	상줄 상	차례 서	신선 선	배 선	착할 선	가릴 선	고울 선

(400자) ▶「세로로 읽기점검」을 하고, 점검일자를 표기한다. 월/일㉮

加	可	價	改	客	去	擧	件	建	健
加入	可決	價格	改良	客席	去來	擧行	案件	建物	健實
格	見	決	結	景	敬	輕	競	固	考
規格	見聞	決定	結實	景致	敬老	輕量	競爭	固體	考案
告	曲	課	過	關	觀	廣	橋	具	救
告發	曲線	課業	過勞	關門	觀光	廣野	陸橋	具體	救命
舊	局	貴	規	給	己	技	汽	基	期
舊屋	局地	品貴	規則	給料	利己	技術	汽船	基本	期約
吉	念	能	團	壇	談	當	德	到	島
吉凶	念願	能通	團束	文壇	相談	當番	德分	到着	獨島
都	獨	落	朗	冷	良	量	旅	歷	練
都市	獨善	落葉	朗讀	冷戰	良心	數量	旅行	歷史	訓練
令	領	勞	料	流	類	陸	馬	末	亡
命令	領海	勞動	料理	流行	種類	陸地	競馬	末年	敗亡
望	買	賣	無	倍	法	變	兵	福	奉
野望	買入	賣出	無能	倍加	法院	變質	兵法	幸福	奉仕
比	費	鼻	氷	士	仕	史	思	查	寫
比等	費用	鼻祖	氷河	名士	出仕	史記	思念	調查	寫本
産	相	商	賞	序	仙	船	善	選	鮮
出産	相通	商業	賞品	順序	神仙	漁船	親善	選擧	新鮮

월/일㉮ ① / ② / ③ / ④ / ⑤ /

5급 (450자) 훈음표

* 의 표시는 두 개 이상의 훈음을 갖고 있는 글자임

*說	性	洗	歲	束
말씀 설/달랠 세	성품 성	씻을 세	해 세	묶을 속
首	*宿	順	示	*識
머리 수	잘 숙/별자리 수	순할 순	보일 시	알 식/기록할 지
臣	實	兒	*惡	案
신하 신	열매 실	아이 아	악할 악/미워할 오	책상 안
約	養	魚	漁	億
맺을 약	기를 양	고기 어	고기잡을 어	억 억
熱	葉	屋	完	要
더울 열	잎 엽	집 옥	완전할 완	요긴할 요
曜	浴	牛	友	雨
빛날 요	목욕할 욕	소 우	벗 우	비 우
雲	雄	元	院	原
구름 운	수컷 웅	으뜸 원	집 원	언덕 원
願	位	偉	以	耳
원할 원	자리 위	클 위	써 이	귀 이
因	任	材	財	再
인할 인	맡길 임	재목 재	재물 재	두 재
災	爭	貯	赤	的
재앙 재	다툴 쟁	쌓을 저	붉을 적	과녁 적

(450자) ▶ 오늘 배운 글자를「읽기점검」하고, 점검일자를 표기한다. 월/일

*說	性	洗	歲	束 405자
說明	性質	洗車	歲月	約束 /
首	*宿	順	示	*識 410자
首都	宿題	順位	示現	識見 /
臣	實	兒	*惡	案 415자
臣下	實利	兒童	善惡	案件 /
約	養	魚	漁	億 420자
約定	養育	魚類	漁具	十億 /
熱	葉	屋	完	要 425자
熱望	葉書	洋屋	完成	要約 /
曜	浴	牛	友	雨 430자
曜日	浴室	牛乳	親友	雨衣 /
雲	雄	元	院	原 435자
雲集	英雄	元首	病院	原料 /
願	位	偉	以	耳 440자
所願	順位	偉人	以後	耳目 /
因	任	材	財	再 445자
要因	新任	材料	財産	再會 /
災	爭	貯	赤	的 450자
災害	競爭	貯金	赤色	目的 /

월/일 ① / ② / ③ / ④ / ⑤ /

5급 (500자) 훈음표

* 의 표시는 두 개 이상의 훈 음을 갖고 있는 글자임

典	展	傳	*切	節
법 전	펼 전	전할 전	끊을 절/온통 체	마디 절
店	停	情	調	操
가게 점	머무를 정	뜻 정	고를 조	잡을 조
卒	終	種	罪	州
마칠 졸	마칠 종	씨 종	허물 죄	고을 주
週	止	知	質	着
주일 주	그칠 지	알 지	바탕 질	붙을 착
參*	唱	責	鐵	初
참여할 참/석 삼	부를 창	꾸짖을 책	쇠 철	처음 초
最	祝	充	致	*則
가장 최	빌 축	채울 충	이를 치	법칙 칙/곧 즉
他	打	卓	炭	*宅
다를 타	칠 타	높을 탁	숯 탄	집 택/집 댁
板	敗	品	必	筆
널 판	패할 패	물건 품	반드시 필	붓 필
河	寒	害	許	湖
물 하	찰 한	해할 해	허락할 허	호수 호
化	患	效	凶	黑
될 화	근심 환	본받을 효	흉할 흉	검을 흑

(500자) ▶ 오늘 배운 글자를 「읽기점검」 하고, 점검일자를 표기한다. 월/일

典	展	傳	*切	節 455자
典禮	展示	傳說	切實	節約 /
店	停	情	調	操 460자
賣店	停止	熱情	調停	操業 /
卒	終	種	罪	州 465자
卒業	終末	種目	罪惡	光州 /
週	止	知	質	着 470자
今週	終止	知識	品質	着陸 /
參*	唱	責	鐵	初 475자
參席	唱歌	責任	鐵則	初等 /
最	祝	充	致	*則 480자
最高	祝福	充當	致命	原則 /
他	打	卓	炭	*宅 485자
他人	打令	卓球	氷炭	住宅 /
板	敗	品	必	筆 490자
板本	敗北	商品	必勝	筆者 /
河	寒	害	許	湖 495자
河川	寒害	公害	特許	湖水 /
化	患	效	凶	黑 500자
强化	患部	效能	凶計	黑人 /

월/일 ① / ② / ③ / ④ / ⑤ /

사자성어 익히기

순	四字成語(사자성어)	네 글자로 이루어진 말 알기
81	一日三省(일일삼성)	매일 세 번씩 자신을 반성하는 것
82	一長一短(일장일단)	하나의 장점과 단점
83	一朝一夕(일조일석)	하루아침이나 하루저녁. 아주 짧은 시일
84	子孫萬代(자손만대)	여러 대의 자손
85	自手成家(자수성가)	자기 혼자의 힘으로 집안을 일으킴
86	自由自在(자유자재)	자기의 뜻대로 자유로움
87	作心三日(작심삼일)	결심한 마음이 3일을 가지 못함
88	電光石火(전광석화)	번갯불이나 부싯돌의 불처럼 짧은 순간
89	晝夜長川(주야장천)	밤낮으로 쉬지 않고 흐르는 긴 내
90	千萬多幸(천만다행)	매우 다행함
91	天下第一(천하제일)	온 세상에서 첫 번째
92	特別活動(특별활동)	학교에서 특별한 교육 활동
93	八方美人(팔방미인)	어느 모로 보나 미인
94	下等動物(하등동물)	진화 정도가 낮은 뱀·물고기 따위의 동물
95	行方不明(행방불명)	간곳이 분명하지 않음
96	形形色色(형형색색)	모양과 빛깔이 다른 가지각색
97	花朝月色(화조월색)	꽃이 피는 아침과 달이 뜨는 저녁
98	訓民正音(훈민정음)	백성을 가르치는 바른 소리. 한글
99	格物致知(격물치지)	사물의 이치를 연구하여 지식에 이름
100	見物生心(견물생심)	물건을 보면 갖고 싶은 마음이 생김

▶ 다음 사자성어를 한자로 쓰고, 뜻을 쓰세요.

순	四字成語(사자성어)	네 글자로 이루어진 말 쓰기
81	일일삼성( )	
82	일장일단( )	
83	일조일석( )	
84	자손만대( )	
85	자수성가( )	
86	자유자재( )	
87	작심삼일( )	
88	전광석화( )	
89	주야장천( )	
90	천만다행( )	
91	천하제일( )	
92	특별활동( )	
93	팔방미인( )	
94	하등동물( )	
95	행방불명( )	
96	형형색색( )	
97	화조월색( )	
98	훈민정음( )	
99	격물치지( )	
100	견물생심( )	

본 교재의 학습방법 및 학습순서

1 본문학습

- 아래와 같이 ○ 을 그리며 학습한다.

▶ 본문 읽기 : **말씀 설**에 **밝을 명**은 '말씀 설. 밝을 명.' **설명**이고요
  신문의 논설 **사설**입니다.

▶ 한자 쓰기 : 필순에 맞게 한자를 쓴다.

▶ 부수 읽기 : **말씀 설**의 **부수는 말씀 언**

필순 : 訁訁訁訁訁訁訁訁訁訁訁訁說說

말씀 설에 밝을 명은 說明이고요
　　　　　　　　　　　설명
신문의 논설 社說입니다.
　　　　　　사설

2 한자 쓰기

① (가로로) 훈 음 읽기
② (거꾸로) 훈 음 읽기
③ 한자어 읽기
④ (세로로) 훈 음 읽기

3 쓰기 복습

4 예상 문제

▶ 다음 본문을 읽고, 필순에 맞게 한자를 쓰세요.

필순 : 說說說說說說說說說說說說說說

說	부수 言
말씀 설	말씀 언

말씀 설에 밝을 명은 說明이고요
　　　　　　　　　　　　　설명
신문의 논설 社說입니다.
　　　　　　사설

필순 : 性性性性性性性性

性	부수 心(忄)
성품 성	마음 심

성품 성에 바탕 질은 性質이고요
　　　　　　　　　　　　　성질
타고난 성품 天性입니다.
　　　　　　천성

필순 : 洗洗洗洗洗洗洗洗洗

洗	부수 水(氵)
씻을 세	물 수

씻을 세에 손 수는 洗手이고요
　　　　　　　　　　　　세수
자동차를 씻는 일 洗車입니다.
　　　　　　　　세차

필순 : 歲歲歲歲歲歲歲歲歲歲歲歲歲

歲	부수 止
해 세	발 지

일만 만에 해 세는 萬歲이고요
　　　　　　　　　　　　만세
흘러가는 시간 歲月입니다.
　　　　　　　세월

필순 : 束束束束束束束

束	부수 木
묶을 속	나무 목

맺을 약에 묶을 속은 約束이고요
　　　　　　　　　　　　　약속
하나로 묶어짐 結束입니다.
　　　　　　　결속

▶ 한자의 훈 음을 쓰고, 필순에 맞게 한자를 따라 쓰세요.

說 말씀 설	부수 言	說	說	說		
					말씀 설	말씀 설
性 성품 성	부수 心	性	性	性		
					성품 성	성품 성
洗 씻을 세	부수 水	洗	洗	洗		
					씻을 세	씻을 세
歲 해 세	부수 止	歲	歲	歲		
					해 세	해 세
束 묶을 속	부수 木	束	束	束		
					묶을 속	묶을 속

▶ 다음 한자어를 쓰고, 낱말의 뜻을 쓰세요.

(1) 사설 (   ):

(2) 천성 (   ):

(3) 세차 (   ):

(4) 세월 (   ):

(5) 결속 (   ):

※ 오늘 배운 글자를 선생님께 「읽기점검」 한다 ⇨ 405자

▶ 다음 본문을 읽고, 필순에 맞게 한자를 쓰세요.

필순 : 首首首首首首首首首

| 首
머리 수 | 부수
首
머리 수 | 머리 수에 도읍 도는 首都이고요
맨 윗자리 首席입니다. |

필순 : 宿宿宿宿宿宿宿宿宿宿宿

| 宿
잘 숙 | 부수
宀
집 면 | 잘 숙에 제목 제는 宿題이고요
피할 수 없는 운명 宿命입니다. |

필순 : 順順順順順順順順順順順順

| 順
순할 순 | 부수
頁
머리 혈 | 순할 순에 자리 위는 順位이고요
마땅한 이치 順理입니다. |

필순 : 示示示示示

| 示
보일 시 | 부수
示
보일 시 | 보일 시에 나타날 현은 示現이고요
가르쳐 보이는 것 訓示입니다. |

필순 : 識識識識識識識識識識識識識識識識識識

| 識
알 식 | 부수
言
말씀 언 | 알 식에 볼 견은 識見이고요
학문으로 얻은 지식 學識입니다. |

▶ 한자의 훈 음을 쓰고, 필순에 맞게 한자를 따라 쓰세요.

首	부수	首	首	首		
머리 수					머리 수	머리 수
宿	부수 宀	宿	宿	宿		
잘 숙					잘 숙	잘 숙
順	부수 頁	順	順	順		
순할 순					순할 순	순할 순
示	부수	示	示	示		
보일 시					보일 시	보일 시
識	부수 言	識	識	識		
알 식					알 식	알 식

▶ 다음 한자어를 쓰고, 낱말의 뜻을 쓰세요.

(1) 수석 (   ) :

(2) 숙명 (   ) :

(3) 순리 (   ) :

(4) 훈시 (   ) :

(5) 학식 (   ) :

※ 오늘 배운 글자를 선생님께 「읽기점검」한다 ⇨ 410자

▶ 다음 한자의 훈과 음을 쓰고, 한자를 따라 쓰세요.

令	領	勞	料	流
類	陸	馬	末	亡
望	買	賣	無	倍
法	變	兵	福	奉
比	費	鼻	氷	士
仕	史	思	査	寫
産	相	商	賞	序
仙	船	善	選	鮮
說	性	洗	歲	束
首	宿	順	示	識

▶ 다음 한자의 훈과 음에 맞는 한자를 쓰세요.

하여금 령	거느릴 령	일할 로	헤아릴 료	흐를 류
무리 류	뭍 륙	말 마	끝 말	망할 망
바랄 망	살 매	팔 매	없을 무	곱 배
법 법	변할 변	병사 병	복 복	받들 봉
견줄 비	쓸 비	코 비	얼음 빙	선비 사
섬길 사	사기 사	생각 사	조사할 사	베낄 사
낳을 산	서로 상	장사 상	상줄 상	차례 서
신선 선	배 선	착할 선	가릴 선	고울 선
말씀 설/달랠 세	성품 성	씻을 세	해 세	묶을 속
머리 수	잘 숙/별자리 수	순할 순	보일 시	알 식/기록할 지

▶ 다음 한자어의 독음을 쓰고, 한자어를 따라 쓰세요.

識	見	示	現	順	位	宿	題
首	都	約	束	萬	歲	洗	手
性	質	說	明	學	識	訓	示
順	理	宿	命	首	席	結	束
歲	月	洗	車	天	性	社	說

▶ 다음 독음에 맞는 한자어를 쓰세요.

식	견	시	현	순	위	숙	제
수	도	약	속	만	세	세	수
성	질	설	명	학	식	훈	시
순	리	숙	명	수	석	결	속
세	월	세	차	천	성	사	설

5급(11) 예상문제

❶ 다음 漢字語의 讀音을 쓰세요.

1) 識見 (　　　)　　2) 示現 (　　　)
3) 順位 (　　　)　　4) 宿題 (　　　)
5) 首都 (　　　)　　6) 約束 (　　　)
7) 萬歲 (　　　)　　8) 洗手 (　　　)
9) 性質 (　　　)　　10) 說明 (　　　)
11) 學識 (　　　)　　12) 訓示 (　　　)
13) 順理 (　　　)　　14) 宿命 (　　　)
15) 首席 (　　　)　　16) 結束 (　　　)
17) 歲月 (　　　)　　18) 洗車 (　　　)
19) 天性 (　　　)　　20) 社說 (　　　)

❷ 다음 漢字의 訓과 音을 쓰세요.

21) 說 (　　　)　　22) 洗 (　　　)
23) 束 (　　　)　　24) 宿 (　　　)
25) 示 (　　　)　　26) 性 (　　　)
27) 歲 (　　　)　　28) 首 (　　　)
29) 順 (　　　)　　30) 識 (　　　)

❸ 다음 밑줄 친 漢字語를 漢字로 쓰세요.

31) 신문 사설을 읽다. ·············· (　　　)
32) 그는 천성이 착한사람이다. ·············· (　　　)
33) 승용차를 세차 하다. ·············· (　　　)
34) 세월은 흐르는 물과 같다. ·············· (　　　)
35) 회원의 결속을 굳게 하다. ·············· (　　　)
36) 학력고사에서 수석을 차지하다. ·············· (　　　)
37) 자신의 인생을 숙명으로 받아들이고 산다. (　　　)
38) 세상을 순리대로 살아야한다. ·············· (　　　)
39) 교장 선생님의 훈시가 있었다. ·············· (　　　)
40) 학식이 풍부하다. ·············· (　　　)

❹ 다음 訓과 音에 맞는 漢字를 쓰세요.

41) 부을 주 (　　　)　　42) 몸　체 (　　　)

43) 겉　표 (　　　)　　44) 향할 향 (　　　)

45) 그림 화 (　　　)

❺ 다음 漢字와 뜻이 상대 또는 反對되는 漢字를 쓰세요.

46) 朝 (　　) ① 苦　② 主　③ 野　④ 長

47) 天 (　　) ① 別　② 地　③ 生　④ 來

5급(11) 예상문제

❻ 다음 ( )안에 들어갈 漢字語를 아래에서 찾아 그 번호를 쓰세요.

① 圖生 ② 一夕 ③ 秋冬 ④ 道路 ⑤ 第一

48) 春夏( ) : 봄·여름·가을·겨울

49) 天下( ) : 세상에서 제일

50) 一朝( ) : 하루 아침과 하루 저녁

❼ 다음 漢字와 뜻이 같거나 비슷한 漢字를 아래에서 찾아 그 번호를 쓰세요.

① 地 ② 服 ③ 家 ④ 特 ⑤ 路

51) 衣 ( )   52) 英 ( )

53) 土 ( )

❽ 다음 漢字와 音은 같은데 뜻이 다른 漢字를 아래에서 찾아 그 번호를 쓰세요.

① 擧 ② 家 ③ 水 ④ 植 ⑤ 時

54) 首 ( )   55) 示 ( )

56) 識 ( )

❾ 다음 漢字語의 뜻을 쓰세요.

57) 訓示 :

58) 首席 :

59) 洗車 :

❿ 다음 漢字의 略字(약자 : 획수를 줄인 漢字)**를 쓰세요.**

① 当 ② 学 ③ 団 ④ 気 ⑤ 旧

60) 舊 (   )   61) 團 (   )

62) 當 (   )

⓫ 다음 한자의 ㉠획은 몇 번째 쓰는지 아래에서 찾아 그 번호를 쓰세요.

① 첫 번째   ② 두 번째   ③ 세 번째   ④ 네 번째
⑤ 다섯 번째 ⑥ 여섯 번째 ⑦ 일곱 번째 ⑧ 여덟 번째
⑨ 아홉 번째 ⑩ 열 번째   ⑪ 열한 번째 ⑫ 열두 번째

(63) 性 (   )   (64) 歲 (   )   (65) 宿 (   )

5급(11) 예상문제 정답

1	식견	23	묶을 속	45	畫
2	시현	24	잘 숙/별자리 수	46	野
3	순위	25	보일 시	47	地
4	숙제	26	성품 성	48	③ 秋冬
5	수도	27	해 세	49	⑤ 第一
6	약속	28	머리 수	50	② 一夕
7	만세	29	순할 순	51	② 服
8	세수	30	알 식/기록할 지	52	④ 特
9	성질	31	社說	53	① 地
10	설명	32	天性	54	③ 水
11	학식	33	洗車	55	⑤ 時
12	훈시	34	歲月	56	④ 植
13	순리	35	結束	57	가르쳐 보이는 것
14	숙명	36	首席	58	맨 윗자리
15	수석	37	宿命	59	자동차를 씻는 일
16	결속	38	順理	60	旧
17	세월	39	訓示	61	団
18	세차	40	學識	62	当
19	천성	41	注	63	③
20	사설	42	體	64	③
21	말씀 설/달랠 세	43	表	65	③
22	씻을 세	44	向		

▶ 다음 본문을 읽고, 필순에 맞게 한자를 쓰세요.

필순 : 臣 臣 臣 臣 臣 臣

臣	부수
신하 신	臣 신하 신

신하 신에 아래 하는 臣下이고요
                    신하
공로가 있는 신하 功臣입니다.
                 공신

필순 : 實 實 實 實 實 實 實 實 實 實 實 實 實 實

實	부수
열매 실	宀 집 면

열매 실에 힘 력은 實力이고요
                    실력
실제로 얻은 이익 實利입니다.
                  실리

필순 : 兒 兒 兒 兒 兒 兒 兒 兒

兒	부수
아이 아	儿 어진사람 인

아이 아에 아이 동은 兒童이고요
                    아동
어린 아이를 기르는 것 育兒입니다.
                       육아

필순 : 惡 惡 惡 惡 惡 惡 惡 惡 惡 惡 惡 惡

惡	부수
악할 악	心 마음 심

악할 악에 사람 인은 惡人이고요
                    악인
선함과 악한 것 善惡입니다.
                선악

필순 : 案 案 案 案 案 案 案 案 案 案

案	부수
책상 안	木 나무 목

책상 안에 안 내는 案內이고요
                   안내
토의해야 할 사항 案件입니다.
                  안건

▶ 한자의 훈 음을 쓰고, 필순에 맞게 한자를 따라 쓰세요.

臣 신하 신	부수 臣	臣	臣	臣	신하 신	신하 신
實 열매 실	부수 宀	實	實	實	열매 실	열매 실
兒 아이 아	부수 儿	兒	兒	兒	아이 아	아이 아
惡 악할 악	부수 心	惡	惡	惡	악할 악	악할 악
案 책상 안	부수 木	案	案	案	책상 안	책상 안

▶ 다음 한자어를 쓰고, 낱말의 뜻을 쓰세요.

(1) 공신 (   ):

(2) 실리 (   ):

(3) 육아 (   ):

(4) 선악 (   ):

(5) 안건 (   ):

※ 오늘 배운 글자를 선생님께 「읽기점검」 한다 ⇨ 415자

▶ 다음 본문을 읽고, 필순에 맞게 한자를 쓰세요.

필순: 約 約 約 約 約 約 約 約 約

約	부수 糸 실 사
맺을 약	

말씀 언에 **맺을 약**은 言約이고요
언약
약속하여 정함 約定입니다.
약정

필순: 養 養 養 養 養 養 羊 美 美 养 养 養 養 養 養

養	부수 食 밥 식
기를 양	

기를 양에 **늙을 로**는 養老이고요
양로
어린이를 기르는 것 養育입니다.
양육

필순: 魚 魚 魚 魚 魚 魚 魚 魚 魚 魚 魚

魚	부수 魚 고기 어
고기 어	

고기 어에 **무리 류**는 魚類이고요
어류
물고기를 기르는 것 養魚입니다.
양어

필순: 漁 漁 漁 漁 漁 漁 漁 漁 漁 漁 漁 漁 漁 漁

漁	부수 水(氵) 물 수
고기잡을 어	

고기잡을 어에 **지아비 부**는 漁夫이고요
어부
고기잡이에 쓰는 기구 漁具입니다.
어구

필순: 億 億 億 億 億 億 億 億 億 億 億 億

億	부수 人(亻) 사람 인
억 억	

한 일에 **억 억**은 一億이고요
일억
일억의 열 곱 十億입니다.
십억

▶ 한자의 훈 음을 쓰고, 필순에 맞게 한자를 따라 쓰세요.

約	부수 糸	約	約	約		
맺을 약					맺을 약	맺을 약
養	부수 食	養	養	養		
기를 양					기를 양	기를 양
魚	부수 魚	魚	魚	魚		
고기 어					고기 어	고기 어
漁	부수 水	漁	漁	漁		
고기잡을 어					고기잡을 어	고기잡을 어
億	부수 人	億	億	億		
억 억					억 억	억 억

▶ 다음 한자어를 쓰고, 낱말의 뜻을 쓰세요.

(1) 약정 (   ):

(2) 양육 (   ):

(3) 양어 (   ):

(4) 어구 (   ):

(5) 십억 (   ):

※ 오늘 배운 글자를 선생님께 「읽기점검」 한다 ⇨ 420자

▶ 다음 한자의 훈과 음을 쓰고, 한자를 따라 쓰세요.

望	買	賣	無	倍
法	變	兵	福	奉
比	費	鼻	氷	士
仕	史	思	査	寫
産	相	商	賞	序
仙	船	善	選	鮮
說	性	洗	歲	束
首	宿	順	示	識
臣	寶	兒	惡	案
約	養	魚	漁	億

▶ 다음 한자의 훈과 음에 맞는 한자를 쓰세요.

바랄 망	살 매	팔 매	없을 무	곱 배
법 법	변할 변	병사 병	복 복	받들 봉
견줄 비	쓸 비	코 비	얼음 빙	선비 사
섬길 사	사기 사	생각 사	조사할 사	베낄 사
낳을 산	서로 상	장사 상	상줄 상	차례 서
신선 선	배 선	착할 선	가릴 선	고울 선
말씀 설/달랠 세	성품 성	씻을 세	해 세	묶을 속
머리 수	잘 숙/별자리 수	순할 순	보일 시	알 식/기록할 지
신하 신	열매 실	아이 아	악할 악	책상 안
맺을 약	기를 양	고기 어	고기잡을 어	억 억

▶ 다음 한자어의 독음을 쓰고, 한자어를 따라 쓰세요.

一	億	漁	夫	魚	類	養	老
言	約	案	內	惡	人	兒	童
實	力	臣	下	十	億	漁	具
養	魚	養	育	約	定	案	件
善	惡	育	兒	實	利	功	臣

▶ 다음 독음에 맞는 한자어를 쓰세요.

일	억	어	부	어	류	양	로
언	약	안	내	악	인	아	동
실	력	신	하	십	억	어	구
양	어	양	육	약	정	안	건
선	악	육	아	실	리	공	신

5급(12) 예상문제   월 일 / 확인

❶ 다음 漢字語의 讀音을 쓰세요.

1) 一億 (   )   2) 漁夫 (   )

3) 魚類 (   )   4) 養老 (   )

5) 言約 (   )   6) 案內 (   )

7) 惡人 (   )   8) 兒童 (   )

9) 實力 (   )   10) 臣下 (   )

11) 十億 (   )   12) 漁具 (   )

13) 養魚 (   )   14) 養育 (   )

15) 約定 (   )   16) 案件 (   )

17) 善惡 (   )   18) 育兒 (   )

19) 實利 (   )   20) 功臣 (   )

❷ 다음 漢字의 訓과 音을 쓰세요.

21) 臣 (   )   22) 兒 (   )

23) 案 (   )   24) 養 (   )

25) 漁 (   )   26) 實 (   )

27) 惡 (   )   28) 約 (   )

29) 魚 (   )   30) 億 (   )

❸ 다음 밑줄 친 漢字語를 漢字로 쓰세요.

31) 조선조 개국 공신으로 활약했다. ············· (　　　)

32) 명분보다 실리를 추구하다. ················· (　　　)

33) 어머니가 육아 일기를 쓰다. ················ (　　　)

34) 선악을 분별할 나이다. ····················· (　　　)

35) 토의할 안건이 많다. ······················· (　　　)

36) 지불방법을 약정하다. ····················· (　　　)

37) 고아를 데려다 양육하다. ··················· (　　　)

38) 물고기를 기르는 양어장을 견학했다. ········· (　　　)

39) 고기잡이에 쓰는 어구를 구입했다. ··········· (　　　)

40) 십억이란 돈은 큰돈이다. ··················· (　　　)

❹ 다음 訓과 音에 맞는 漢字를 쓰세요.

41) 옮길 운 (　　　)　　42) 은 은 (　　　)

43) 의원 의 (　　　)　　44) 재주 재 (　　　)

45) 차례 제 (　　　)

❺ 다음 漢字와 뜻이 상대 또는 反對되는 漢字를 쓰세요.

46) 春 (　　) ① 苦　② 秋　③ 重　④ 長

47) 夏 (　　) ① 別　② 弱　③ 冬　④ 來

5급(12) 예상문제

❻ 다음 ( )안에 들어갈 漢字를 아래에서 찾아 그 번호를 쓰세요.

① 正　② 心　③ 業　④ 二　⑤ 水

48) 一口( )言 : 한입으로 두 말을 함

49) 安( )立命 : 모든 것을 천명에 맡기고 마음을 편안히 가짐

50) 山戰( )戰 : 산에서도 싸워보고 물에서도 싸워봄

❼ 다음 漢字와 뜻이 같거나 비슷한 漢字를 아래에서 찾아 그 번호를 쓰세요.

① 活　② 合　③ 遠　④ 動　⑤ 習

51) 學 ( )　　52) 生 ( )

53) 行 ( )

❽ 다음 漢字와 음은 같은데 뜻이 다른 漢字를 아래에서 찾아 그 번호를 쓰세요.

① 固　② 弱　③ 神　④ 邑　⑤ 室

54) 臣 ( )　　55) 實 ( )

56) 約 ( )

9 다음 漢字語의 뜻을 쓰세요.

57) 育兒 :

58) 善惡 :

59) 養魚 :

10 다음 漢字의 略字(약자 : 획수를 줄인 漢字)를 쓰세요.

> ① 教 ② 独 ③ 劳 ④ 売 ⑤ 内

60) 獨 (   )   61) 勞 (   )

62) 賣 (   )

11 다음 한자의 ㉠획은 몇 번째 쓰는지 아래에서 찾아 그 번호를 쓰세요.

① 첫 번째   ② 두 번째   ③ 세 번째   ④ 네 번째
⑤ 다섯 번째   ⑥ 여섯 번째   ⑦ 일곱 번째   ⑧ 여덟 번째
⑨ 아홉 번째   ⑩ 열 번째   ⑪ 열한 번째   ⑫ 열두 번째

(63) 臣 (   )   (64) 兒 (   )   (65) 惡 (   )

5급(12) 예상문제 정답

1	일억	23	책상 안	45	第
2	어부	24	기를 양	46	秋
3	어류	25	고기잡을 어	47	冬
4	양로	26	열매 실	48	④ 二
5	언약	27	악할 악	49	② 心
6	안내	28	맺을 약	50	⑤ 水
7	악인	29	고기 어	51	⑤ 習
8	아동	30	억 억	52	① 活
9	실력	31	功臣	53	④ 動
10	신하	32	實利	54	③ 神
11	십억	33	育兒	55	⑤ 室
12	어구	34	善惡	56	② 弱
13	양어	35	案件	57	어린이를 기르는 것
14	양육	36	約定	58	선함과 악한 것
15	약정	37	養育	59	물고기를 기르는 것
16	안건	38	養魚	60	独
17	선악	39	漁具	61	労
18	육아	40	十億	62	売
19	실리	41	運	63	③
20	공신	42	銀	64	④
21	신하 신	43	醫	65	⑤
22	아이 아	44	才		

▶ 다음 본문을 읽고, 필순에 맞게 한자를 쓰세요.

필순 : 執 執 執 執 執 執 執 執 執 執 熱 熱 熱 熱 熱

熱	부수 火(灬)
더울 열	불 화

더울 열에 마음 심은 熱心이고요
열심
뜨겁게 바라는 것 熱望입니다.
열망

필순 : 葉 葉 葉 葉 葉 葉 葉 葉 葉 葉 葉 葉 葉

葉	부수 艸(艹)
잎 엽	풀 초

잎 엽에 글 서는 葉書이고요
엽서
시대의 끝 무렵 末葉입니다.
말엽

필순 : 屋 屋 屋 屋 屋 屋 屋 屋 屋

屋	부수 尸
집 옥	누울 시

집 가에 집 옥은 家屋이고요
가옥
서양식으로 지은 집 洋屋입니다.
양옥

필순 : 完 完 完 完 完 完 完

完	부수 宀
완전할 완	집 면

완전할 완에 온전 전은 完全이고요
완전
완전히 다 이룸 完成입니다.
완성

필순 : 要 要 要 要 要 要 要 要 要

要	부수 襾
요긴할 요	덮을 아

무거울 중에 요긴할 요는 重要이고요
중요
중요한 것만 추려낸 것 要約입니다.
요약

▶ 한자의 훈 음을 쓰고, 필순에 맞게 한자를 따라 쓰세요.

熱 더울 열	부수 火	熱	熱	熱	더울 열	더울 열
葉 잎 엽	부수 艹	葉	葉	葉	잎 엽	잎 엽
屋 집 옥	부수 尸	屋	屋	屋	집 옥	집 옥
完 완전할 완	부수 宀	完	完	完	완전할 완	완전할 완
要 요긴할 요	부수 西	要	要	要	요긴할 요	요긴할 요

▶ 다음 한자어를 쓰고, 낱말의 뜻을 쓰세요.

(1) 열망 (   ):

(2) 말엽 (   ):

(3) 양옥 (   ):

(4) 완성 (   ):

(5) 요약 (   ):

※ 오늘 배운 글자를 선생님께 「읽기점검」 한다 ⇨ 425자

▶ 다음 본문을 읽고, 필순에 맞게 한자를 쓰세요.

曜	부수 日 해 일
빛날 요	

빛날 요에 날 일은 曜日이고요
한 주간의 첫째 날 日曜日입니다.

필순 : 氵 氵 氵 氵 氵 氵 浴 浴 浴 浴

浴	부수 水(氵) 물 수
목욕할 욕	

목욕할 욕에 집 실은 浴室이고요
맨 몸을 햇볕에 쬐는 일 日光浴입니다.

필순 : ノ 十 ニ 牛

牛	부수 牛 소 우
소 우	

소 우에 젖 유는 牛乳이고요
소나 말이 끄는 수레 牛馬車입니다.

필순 : ㄱ 九 方 友

友	부수 又 손 우
벗 우	

벗 우에 뜻 정은 友情이고요
친밀한 친구 親友입니다.

필순 : 一 冂 冂 币 雨 雨 雨 雨

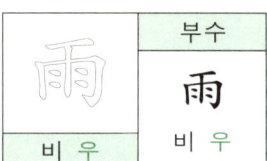

雨	부수 雨 비 우
비 우	

비 우에 물 수는 雨水이고요
비가 올 때 입는 옷 雨衣입니다.

▶ 한자의 훈 음을 쓰고, 필순에 맞게 한자를 따라 쓰세요.

曜	부수 日	曜	曜	曜		
빛날 요					빛날 요	빛날 요
浴	부수 水	浴	浴	浴		
목욕할 욕					목욕할 욕	목욕할 욕
牛	부수 牛	牛	牛	牛		
소 우					소 우	소 우
友	부수 又	友	友	友		
벗 우					벗 우	벗 우
雨	부수 雨	雨	雨	雨		
비 우					비 우	비 우

▶ 다음 한자어를 쓰고, 낱말의 뜻을 쓰세요.

(1) 일요일 (   ):

(2) 일광욕 (   ):

(3) 우마차 (   ):

(4) 친우 (   ):

(5) 우의 (   ):

※ 오늘 배운 글자를 선생님께 「읽기점검」 한다 ⇨ 430자

▶ 다음 한자의 훈과 음을 쓰고, 한자를 따라 쓰세요.

比	費	鼻	氷	士
仕	史	思	査	寫
産	相	商	賞	序
仙	船	善	選	鮮
說	性	洗	歲	束
首	宿	順	示	識
臣	實	兒	惡	案
約	養	魚	漁	億
熱	葉	屋	完	要
曜	浴	牛	友	雨

▶ 다음 한자의 훈과 음에 맞는 한자를 쓰세요.

견줄 비	쓸 비	코 비	얼음 빙	선비 사
섬길 사	사기 사	생각 사	조사할 사	베낄 사
낳을 산	서로 상	장사 상	상줄 상	차례 서
신선 선	배 선	착할 선	가릴 선	고울 선
말씀 설/ 달랠 세	성품 성	씻을 세	해 세	묶을 속
마리 수	잘 숙/ 별자리 수	순할 순	보일 시	알 식/ 기록할 지
신하 신	열매 실	아이 아	악할 악	책상 안
맺을 약	기를 양	고기 어	고기잡을 어	억 억
더울 열	잎 엽	집 옥	완전할 완	요긴할 요
빛날 요	목욕할 욕	소 우	벗 우	비 우

▶ 다음 한자어의 독음을 쓰고, 한자어를 따라 쓰세요.

雨	水	友	情	牛	乳	浴	室
曜	日	重	要	完	全	家	屋
葉	書	熱	心	雨	衣	親	友
牛	馬	光	浴	日	曜	要	約
完	成	洋	屋	末	葉	熱	望

▶ 다음 독음에 맞는 한자어를 쓰세요.

우	수	우	정	우	유	욕	실
요	일	중	요	완	전	가	옥
엽	서	열	심	우	의	친	우
우	마	광	욕	일	요	요	약
완	성	양	옥	말	엽	열	망

5급(13) 예상문제 월 일 / 확인

❶ 다음 漢字語의 讀音을 쓰세요.

1) 雨水 (   )   2) 友情 (   )

3) 牛乳 (   )   4) 浴室 (   )

5) 曜日 (   )   6) 重要 (   )

7) 完全 (   )   8) 家屋 (   )

9) 葉書 (   )   10) 熱心 (   )

11) 雨衣 (   ) 12) 親友 (   )

13) 牛馬 (   ) 14) 光浴 (   )

15) 日曜 (   ) 16) 要約 (   )

17) 完成 (   ) 18) 洋屋 (   )

19) 末葉 (   ) 20) 熱望 (   )

❷ 다음 漢字의 訓과 音을 쓰세요.

21) 熱 (   )   22) 屋 (   )

23) 要 (   )   24) 浴 (   )

25) 友 (   )   26) 葉 (   )

27) 完 (   )   28) 曜 (   )

29) 牛 (   )   30) 雨 (   )

❸ 다음 밑줄 친 漢字語를 漢字로 쓰세요.

31) 평화 통일을 열망하다. ·················· (   )
32) 정몽주는 고려 말엽의 유학자다. ········ (   )
33) 이층 양옥으로 짓다. ···················· (   )
34) 작품이 완성되다. ······················ (   )
35) 다음 글을 100자 이내로 요약 하시오. ······ (   )
36) 일요일에 등산을 하다. ·················· (   )
37) 건강을 위하여 일광욕을 하다. ·········· (   )
38) 짐을 싣고 우마차를 타고 가다. ·········· (   )
39) 아버지와 가장 가까운 친우이시다. ········ (   )
40) 비오는 날 우의를 입다. ·················· (   )

❹ 다음 訓과 音에 맞는 漢字를 쓰세요.

41) 낮 주 (   )   42) 친할 친 (   )
43) 바람 풍 (   )   44) 나타날 현 (   )
45) 누를 황 (   )

❺ 다음 漢字와 뜻이 상대 또는 反對되는 漢字를 쓰세요.

46) 日 (   ) ① 山   ② 主   ③ 月   ④ 長
47) 前 (   ) ① 別   ② 後   ③ 生   ④ 來

5급(13) 예상문제   월   일 / 확인

❻ 다음 ( )안에 들어갈 漢字를 아래에서 찾아 그 번호를 쓰세요.

① 有   ② 水   ③ 業   ④ 長   ⑤ 育

48) 山高(　　)長 : 산은 높고 강물은 길게 흐름

49) 不老(　　)生 : 늙지 않고 오래 삶

50) 父子(　　)親 : 아버지와 아들 간에는 친함이 있어야 함

❼ 다음 漢字와 뜻이 같거나 비슷한 漢字를 아래에서 찾아 그 번호를 쓰세요.

① 言   ② 名   ③ 數   ④ 動   ⑤ 別

51) 號 (　　　)　　　52) 話 (　　　)

53) 行 (　　　)

❽ 다음 漢字와 音은 같은데 뜻이 다른 漢字를 아래에서 찾아 그 번호를 쓰세요.

① 雨   ② 家   ③ 決   ④ 曜   ⑤ 交

54) 要 (　　　)　　　55) 牛 (　　　)

56) 橋 (　　　)

❾ 다음 漢字語의 뜻을 쓰세요.

57) 熱望 :

58) 洋屋 :

59) 完成 :

❿ 다음 漢字의 略字(약자 : 획수를 줄인 漢字)를 쓰세요.

① 画 ② 変 ③ 国 ④ 写 ⑤ 数

60) 變 (   )　　　　　61) 寫 (   )

62) 畫 (   )

⓫ 다음 한자의 ㉠획은 몇 번째 쓰는지 아래에서 찾아 그 번호를 쓰세요.

① 첫 번째　② 두 번째　③ 세 번째　④ 네 번째
⑤ 다섯 번째　⑥ 여섯 번째　⑦ 일곱 번째　⑧ 여덟 번째
⑨ 아홉 번째　⑩ 열 번째　⑪ 열한 번째　⑫ 열두 번째

(63) 熱 (   )　(64) 屋 (   )　(65) 要 (   )

5급(13) 예상문제 정답

1	우수	23	요긴할 요	45	黃
2	우정	24	목욕할 욕	46	月
3	우유	25	벗 우	47	後
4	욕실	26	잎 엽	48	② 水
5	요일	27	완전할 완	49	④ 長
6	중요	28	빛날 요	50	① 有
7	완전	29	소 우	51	② 名
8	가옥	30	비 우	52	① 言
9	엽서	31	熱望	53	④ 動
10	열심	32	末葉	54	④ 曜
11	우의	33	洋屋	55	① 雨
12	친우	34	完成	56	⑤ 交
13	우마	35	要約	57	뜨겁게 바라는 것
14	광욕	36	日曜日	58	서양식으로 지은 집
15	일요	37	日光浴	59	완전히 다 이룸
16	요약	38	牛馬車	60	変
17	완성	39	親友	61	写
18	양옥	40	雨衣	62	画
19	말엽	41	晝	63	⑩
20	열망	42	親	64	③
21	더울 열	43	風	65	⑨
22	집 옥	44	現		

▶ 다음 본문을 읽고, 필순에 맞게 한자를 쓰세요.

필순 : 雲雲雲雲雲雲雲雲雲雲雲雲

雲	부수 雨
구름 운	비 우

흰 백에 구름 운은 白雲이고요
                    백운
구름같이 모여듦 雲集입니다.
              운집

필순 : 雄雄雄雄雄雄雄雄雄雄雄雄

雄	부수 隹
수컷 웅	새 추

꽃부리 영에 수컷 웅은 英雄이고요
                       영웅
웅장하고 큰 것 雄大입니다.
              웅대

필순 : 元元元元

元	부수 儿
으뜸 원	어진사람 인

으뜸 원에 머리 수는 元首이고요
                    원수
경험과 공로가 많고 덕망이 높은 사람 元老입니다.
                                  원로

필순 : 院院院院院院院院院院

院	부수 阜(阝)
집 원	언덕 부

배울 학에 집 원은 學院이고요
                  학원
병자를 치료하는 곳 病院입니다.
                   병원

필순 : 原原原原原原原原原原

原	부수 厂
언덕 원	언덕 한

언덕 원에 헤아릴 료는 原料이고요
                      원료
사물의 근본 이치 原理입니다.
                 원리

▶ 한자의 훈 음을 쓰고, 필순에 맞게 한자를 따라 쓰세요.

雲	부수 雨	雲	雲	雲		
구름 운					구름 운	구름 운
雄	부수 隹	雄	雄	雄		
수컷 웅					수컷 웅	수컷 웅
元	부수 儿	元	元	元		
으뜸 원					으뜸 원	으뜸 원
院	부수 阜	院	院	院		
집 원					집 원	집 원
原	부수 厂	原	原	原		
언덕 원					언덕 원	언덕 원

▶ 다음 한자어를 쓰고, 낱말의 뜻을 쓰세요.

(1) 운집 (　　　):

(2) 웅대 (　　　):

(3) 원로 (　　　):

(4) 병원 (　　　):

(5) 원리 (　　　):

※ 오늘 배운 글자를 선생님께 「읽기점검」 한다 ⇨ 435자

▶ 다음 본문을 읽고, 필순에 맞게 한자를 쓰세요.

願	부수
원할 원	頁 머리 혈

바 소에 **원할 원**은 所願이고요
　　　　　　　　　　소원
청원하는 서류 願書입니다.
　　　　　　원서

필순 : 位 位 位 位 位 位 位

位	부수
자리 위	人(亻) 사람 인

모 방에 **자리 위**는 方位이고요
　　　　　　　　　방위
순번에 따른 위치 順位입니다.
　　　　　　　순위

필순 : 偉 偉 偉 偉 偉 偉 偉 偉 偉

偉	부수
클 위	人(亻) 사람 인

클 위에 사람 인은 偉人이고요
　　　　　　　　위인
뛰어나고 훌륭함 偉大입니다.
　　　　　　위대

필순 : 以 以 以 以 以

以	부수
써 이	人 사람 인

써 이에 윗 상은 以上이고요
　　　　　　　이상
일정한 기준보다 아래인 것 以下입니다.
　　　　　　　　　　　이하

필순 : 耳 耳 耳 耳 耳 耳

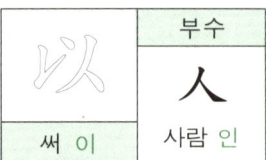

耳	부수
귀 이	耳 귀 이

귀 이에 눈 목은 耳目이고요
　　　　　　　이목
사람의 나이 예순 살 耳順입니다.
　　　　　　　　이순

⑤ - 60

▶ 한자의 훈 음을 쓰고, 필순에 맞게 한자를 따라 쓰세요.

願	부수 頁	願	願	願		
원할 원					원할 원	원할 원
位	부수 人	位	位	位		
자리 위					자리 위	자리 위
偉	부수 人	偉	偉	偉		
클 위					클 위	클 위
以	부수 人	以	以	以		
써 이					써 이	써 이
耳	부수 耳	耳	耳	耳		
귀 이					귀 이	귀 이

▶ 다음 한자어를 쓰고, 낱말의 뜻을 쓰세요.

(1) 원서 (   ):

(2) 순위 (   ):

(3) 위대 (   ):

(4) 이하 (   ):

(5) 이순 (   ):

※ 오늘 배운 글자를 선생님께 「읽기점검」 한다 ⇨ 440자

▶ 다음 한자의 훈과 음을 쓰고, 한자를 따라 쓰세요.

産	相	商	賞	序
仙	船	善	選	鮮
說	性	洗	歲	束
首	宿	順	示	識
臣	實	兒	惡	案
約	養	魚	漁	億
熱	葉	屋	完	要
曜	浴	牛	友	雨
雲	雄	元	院	原
願	位	偉	以	耳

▶ 다음 한자의 훈과 음에 맞는 한자를 쓰세요.

낳을 산	서로 상	장사 상	상줄 상	차례 서
신선 선	배 선	착할 선	가릴 선	고울 선
말씀 설 / 달랠 세	성품 성	씻을 세	해 세	묶을 속
머리 수	잘 숙 / 별자리 수	순할 순	보일 시	알 식 / 기록할 지
신하 신	열매 실	아이 아	악할 악	책상 안
맺을 약	기를 양	고기 어	고기잡을 어	억 억
더울 열	잎 엽	집 옥	완전할 완	요긴할 요
빛날 요	목욕할 욕	소 우	벗 우	비 우
구름 운	수컷 웅	으뜸 원	집 원	언덕 원
원할 원	자리 위	클 위	써 이	귀 이

▶ 다음 한자어의 독음을 쓰고, 한자어를 따라 쓰세요.

耳 目	以 上	偉 人	方 位
所 願	原 料	學 院	元 首
英 雄	白 雲	耳 順	以 下
偉 大	順 位	願 書	原 理
病 院	元 老	雄 大	雲 集

▶ 다음 독음에 맞는 한자어를 쓰세요.

이 목	이 상	위 인	방 위
소 원	원 료	학 원	원 수
영 웅	백 운	이 순	이 하
위 대	순 위	원 서	원 리
병 원	원 로	웅 대	운 집

5급(14) 예상문제   월   일 / 확인

❶ 다음 漢字語의 讀音을 쓰세요.

1) 耳目 (   )   2) 以上 (   )

3) 偉人 (   )   4) 方位 (   )

5) 所願 (   )   6) 原料 (   )

7) 學院 (   )   8) 元首 (   )

9) 英雄 (   )   10) 白雲 (   )

11) 耳順 (   )   12) 以下 (   )

13) 偉大 (   )   14) 順位 (   )

15) 願書 (   )   16) 原理 (   )

17) 病院 (   )   18) 元老 (   )

19) 雄大 (   )   20) 雲集 (   )

❷ 다음 漢字의 訓과 音을 쓰세요.

21) 雲 (   )   22) 元 (   )

23) 原 (   )   24) 位 (   )

25) 以 (   )   26) 雄 (   )

27) 院 (   )   28) 願 (   )

29) 偉 (   )   30) 耳 (   )

❸ 다음 밑줄 친 漢字語를 漢字로 쓰세요.

31) 시청 광장에 사람들이 <u>운집</u>하였다. ………… (   )

32) 명동 성당은 규모가 <u>웅대</u>하다. ………… (   )

33) 학계의 <u>원로</u>들과 국사를 의논하다. ………… (   )

34) <u>병원</u>에 가서 치료를 하다. ………… (   )

35) 사물의 기본 <u>원리</u>를 알아야 한다. ………… (   )

36) 내일까지 <u>원서</u>를 제출해야 한다. ………… (   )

37) 도착 <u>순위</u>를 정하다. ………… (   )

38) 김구선생님은 <u>위대</u>한 인물이시다. ………… (   )

39) 기대 <u>이하</u>의 성과였다. ………… (   )

40) <u>이순</u>의 연세에도 건강하시다. ………… (   )

❹ 다음 訓과 音에 맞는 漢字를 쓰세요.

41) 동산 원 (   ) 42) 소리 음 (   )

43) 놈 자 (   ) 44) 있을 재 (   )

45) 제목 제 (   )

❺ 다음 漢字와 뜻이 상대 또는 反對되는 漢字를 쓰세요.

46) 中 (   ) ① 山 ② 主 ③ 學 ④ 外

47) 左 (   ) ① 別 ② 右 ③ 生 ④ 古

5급(14) 예상문제   월   일 / 확인

❻ 다음 (   )안에 들어갈 漢字를 아래에서 찾아 그 번호를 쓰세요.

① 信   ② 不   ③ 川   ④ 生   ⑤ 平

48) 山(   )草木 : 산과 내와 풀과 나무

49) 身土(   )二 : 몸과 땅은 둘이 아니라는 뜻

50) 萬民(   )等 : 만백성이 모두 평등함

❼ 다음 漢字와 뜻이 같거나 비슷한 漢字를 아래에서 찾아 그 번호를 쓰세요.

① 別   ② 安   ③ 數   ④ 等   ⑤ 邑

51) 便 (   )   52) 分 (   )

53) 同 (   )

❽ 다음 漢字와 音은 같은데 뜻이 다른 漢字를 아래에서 찾아 그 번호를 쓰세요.

① 旗   ② 運   ③ 偉   ④ 遠   ⑤ 京

54) 雲 (   )   55) 院 (   )

56) 位 (   )

❾ 다음 漢字語의 뜻을 쓰세요.

57) 雲集 :

58) 雄大 :

59) 病院 :

❿ 다음 漢字의 略字(약자:획수를 줄인 漢字)를 쓰세요.

① 図 ② 悪 ③ 実 ④ 児 ⑤ 数

60) 實 (   )   61) 兒 (   )

62) 惡 (   )

⓫ 다음 한자의 ㉠획은 몇 번째 쓰는지 아래에서 찾아 그 번호를 쓰세요.

① 첫 번째   ② 두 번째   ③ 세 번째   ④ 네 번째
⑤ 다섯 번째   ⑥ 여섯 번째   ⑦ 일곱 번째   ⑧ 여덟 번째
⑨ 아홉 번째   ⑩ 열 번째   ⑪ 열한 번째   ⑫ 열두 번째

(63) 雄 (   )   (64) 院 (   )   (65) 以 (   )

5급(14) 예상문제 정답

1	이목	23	언덕 원	45	題
2	이상	24	자리 위	46	外
3	위인	25	써 이	47	右
4	방위	26	수컷 웅	48	③ 川
5	소원	27	집 원	49	② 不
6	원료	28	원할 원	50	⑤ 平
7	학원	29	클 위	51	② 安
8	원수	30	귀 이	52	① 別
9	영웅	31	雲集	53	④ 等
10	백운	32	雄大	54	② 運
11	이순	33	元老	55	④ 遠
12	이하	34	病院	56	③ 偉
13	위대	35	原理	57	구름같이 모여듦
14	순위	36	願書	58	웅장하고 큰 것
15	원서	37	順位	59	병자를 치료하는 곳
16	원리	38	偉大	60	実
17	병원	39	以下	61	児
18	원로	40	耳順	62	悪
19	웅대	41	園	63	⑦
20	운집	42	音	64	④
21	구름 운	43	者	65	④
22	으뜸 원	44	在		

▶ 다음 본문을 읽고, 필순에 맞게 한자를 쓰세요.

필순 : 冂冂冃困困因

因	부수 囗
인할 인	에워쌀 위

언덕 원에 인할 인은 原因이고요
　　　　　　　　　　　원인
중요한 원인 要因입니다.
　　　　　요인

필순 : 丿亻仁仁仟任

任	부수 人(亻)
맡길 임	사람 인

믿을 신에 맡길 임은 信任이고요
　　　　　　　　　　신임
새로 임명 되는 것 新任입니다.
　　　　　　　　　신임

필순 : 一十才木村材

材	부수 木
재목 재	나무 목

재목 재에 헤아릴 료는 材料이고요
　　　　　　　　　　　재료
가르칠 때 쓰이는 재료 教材입니다.
　　　　　　　　　　　교재

필순 : 丨冂冃月目財財財財財

財	부수 貝
재물 재	조개 패

재물 재에 물건 물은 財物이고요
　　　　　　　　　　재물
소유하고 있는 재물 財産입니다.
　　　　　　　　　　재산

필순 : 一丆冂丙再再

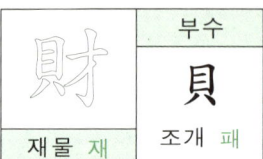

再	부수 冂
두 재	멀 경

두 재에 나타날 현은 再現이고요
　　　　　　　　　　재현
두 번 다시 만나는 것 再會입니다.
　　　　　　　　　　재회

▶ 한자의 훈 음을 쓰고, 필순에 맞게 한자를 따라 쓰세요.

因	부수 口	因	因	因		
인할 인					인할 인	인할 인
任	부수 人	任	任	任		
맡길 임					맡길 임	맡길 임
材	부수 木	材	材	材		
재목 재					재목 재	재목 재
財	부수 貝	財	財	財		
재물 재					재물 재	재물 재
再	부수 冂	再	再	再		
두 재					두 재	두 재

▶ 다음 한자어를 쓰고, 낱말의 뜻을 쓰세요.

(1) 요인 (　　　):

(2) 신임 (　　　):

(3) 교재 (　　　):

(4) 재산 (　　　):

(5) 재회 (　　　):

※ 오늘 배운 글자를 선생님께 「읽기점검」 한다 ⇨ 445자

▶ 다음 본문을 읽고, 필순에 맞게 한자를 쓰세요.

필순 : 災 災 災 災 災 災 災

災	부수 火
재앙 재	불 화

재앙 재에 해할 해는 災害이고요
　　　　　　　　　　재해
불로 인한 재앙 火災입니다.
　　　　　　　화재

필순 : 爭 爭 爭 爭 爭 爭 爭 爭

爭	부수 爪(爫)
다툴 쟁	손톱 조

싸움 전에 다툴 쟁은 戰爭이고요
　　　　　　　　　　전쟁
이기려고 다투는 것 競爭입니다.
　　　　　　　　　경쟁

필순 : 丨 冂 日 日 目 貝 貝 貯 貯 貯 貯 貯

貯	부수 貝
쌓을 저	조개 패

쌓을 저에 쇠 금은 貯金이고요
　　　　　　　　　저금
물을 가두어 두는 것 貯水입니다.
　　　　　　　　　저수

필순 : 赤 赤 赤 赤 赤 赤 赤

赤	부수 赤
붉을 적	붉을 적

붉을 적에 빛 색은 赤色이고요
　　　　　　　　　적색
지출이 수입보다 많은 일 赤字입니다.
　　　　　　　　　　　적자

필순 : 的 的 的 的 的 的 的 的

的	부수 白
과녁 적	흰 백

눈 목에 과녁 적은 目的이고요
　　　　　　　　　목적
정확히 들어맞음 的中입니다.
　　　　　　　　적중

▶ 한자의 훈 음을 쓰고, 필순에 맞게 한자를 따라 쓰세요.

災	부수 火	災	災	災		
재앙 재					재앙 재	재앙 재
爭	부수 爪	爭	爭	爭		
다툴 쟁					다툴 쟁	다툴 쟁
貯	부수 貝	貯	貯	貯		
쌓을 저					쌓을 저	쌓을 저
赤	부수 赤	赤	赤	赤		
붉을 적					붉을 적	붉을 적
的	부수 白	的	的	的		
과녁 적					과녁 적	과녁 적

▶ 다음 한자어를 쓰고, 낱말의 뜻을 쓰세요.

(1) 화재 (   ) :

(2) 경쟁 (   ) :

(3) 저수 (   ) :

(4) 적자 (   ) :

(5) 적중 (   ) :

※ 오늘 배운 글자를 선생님께 「읽기점검」 한다 ⇨ 450자

▶ 다음 한자의 훈과 음을 쓰고, 한자를 따라 쓰세요.

說	性	洗	歲	束
首	宿	順	示	識
臣	實	兒	惡	案
約	養	魚	漁	億
熱	葉	屋	完	要
曜	浴	牛	友	雨
雲	雄	元	院	原
願	位	偉	以	耳
因	任	材	財	再
災	爭	貯	赤	的

▶ 다음 한자의 훈과 음에 맞는 한자를 쓰세요.

말씀 설 / 달랠 세	성품 성	씻을 세	해 세	묶을 속
머리 수	잘 숙 / 별자리 수	순할 순	보일 시	알 식 / 기록할 지
신하 신	열매 실	아이 아	악할 악/미워할 오	책상 안
맺을 약	기를 양	고기 어	고기잡을 어	억 억
더울 열	잎 엽	집 옥	완전할 완	요긴할 요
빛날 요	목욕할 욕	소 우	벗 우	비 우
구름 운	수컷 웅	으뜸 원	집 원	언덕 원
원할 원	자리 위	클 위	써 이	귀 이
인할 인	맡길 임	재목 재	재물 재	두 재
재앙 재	다툴 쟁	쌓을 저	붉을 적	과녁 적

▶ 다음 한자어의 독음을 쓰고, 한자어를 따라 쓰세요.

目	的	赤	色	貯	金	戰	爭
災	害	再	現	財	物	材	料
信	任	原	因	的	中	赤	字
貯	水	競	爭	火	災	再	會
財	産	敎	材	新	任	要	因

▶ 다음 독음에 맞는 한자어를 쓰세요.

목	적	적	색	저	금	전	쟁
재	해	재	현	재	물	재	료
신	임	원	인	적	중	적	자
저	수	경	쟁	화	재	재	회
재	산	교	재	신	임	요	인

5급(15) 예상문제   월   일 / 확인

❶ 다음 漢字語의 讀音을 쓰세요.

1) 目的 (   )   2) 赤色 (   )

3) 貯金 (   )   4) 戰爭 (   )

5) 災害 (   )   6) 再現 (   )

7) 財物 (   )   8) 材料 (   )

9) 信任 (   )   10) 原因 (   )

11) 的中 (   )   12) 赤字 (   )

13) 貯水 (   )   14) 競爭 (   )

15) 火災 (   )   16) 再會 (   )

17) 財産 (   )   18) 敎材 (   )

19) 新任 (   )   20) 要因 (   )

❷ 다음 漢字의 訓과 音을 쓰세요.

21) 因 (   )   22) 材 (   )

23) 再 (   )   24) 爭 (   )

25) 赤 (   )   26) 任 (   )

27) 財 (   )   28) 災 (   )

29) 貯 (   )   30) 的 (   )

③ 다음 밑줄 친 漢字語를 漢字로 쓰세요.

31) 실패의 요인을 분석하다. ·················· (   )
32) 신임 장관의 취임식에 참석하다. ············ (   )
33) 한자 학습 교재를 만들다. ·················· (   )
34) 사업을 하여 재산을 늘리다. ················ (   )
35) 고향 친구와의 재회의 기쁨을 나누다. ······· (   )
36) 공장에서 화재가 발생하다. ················· (   )
37) 생존 경쟁의 시대에 살고 있다. ············· (   )
38) 농업용수의 저수지를 만들다. ··············· (   )
39) 이번 장사에서 적자를 봤다. ················ (   )
40) 예상이 적중되다. ·························· (   )

④ 다음 訓과 音에 맞는 漢字를 쓰세요.

41) 모을 집 (   )   42) 클   태 (   )
43) 합할 합 (   )   44) 모양 형 (   )
45) 모일 회 (   )

⑤ 다음 漢字와 뜻이 상대 또는 反對되는 漢字를 쓰세요.

46) 兄 (   ) ① 山   ② 主   ③ 弟   ④ 長
47) 海 (   ) ① 別   ② 空   ③ 生   ④ 古

5급(15) 예상문제   월 일 / 확인

❻ 다음 ( )안에 들어갈 漢字를 아래에서 찾아 그 번호를 쓰세요.

① 石   ② 百   ③ 死   ④ 西   ⑤ 民

48) 白衣(   )族 : 흰옷을 즐겨 입은 우리민족
49) 百戰(   )勝 : 백번 싸워 백번 이김
50) 東(   )古今 : 동양과 서양 옛날과 지금

❼ 다음 漢字와 뜻이 같거나 비슷한 漢字를 아래에서 찾아 그 번호를 쓰세요.

① 一   ② 園   ③ 數   ④ 安   ⑤ 晝

51) 平 (   )   52) 庭 (   )
53) 同 (   )

❽ 다음 漢字와 음은 같은데 뜻이 다른 漢字를 아래에서 찾아 그 번호를 쓰세요.

① 度   ② 赤   ③ 人   ④ 急   ⑤ 在

54) 因 (   )   55) 財 (   )
56) 的 (   )

❾ 다음 漢字語의 뜻을 쓰세요.

57) 敎材 :

58) 再會 :

59) 的中 :

❿ 다음 漢字의 略字(약자 : 획수를 줄인 漢字)를 쓰세요.

① 争　② 礼　③ 伝　④ 対　⑤ 発

60) 發 (　　)　　　　61) 爭 (　　)

62) 傳 (　　)

⓫ 다음 한자의 ㉠획은 몇 번째 쓰는지 아래에서 찾아 그 번호를 쓰세요.

① 첫 번째　② 두 번째　③ 세 번째　④ 네 번째
⑤ 다섯 번째　⑥ 여섯 번째　⑦ 일곱 번째　⑧ 여덟 번째
⑨ 아홉 번째　⑩ 열 번째　⑪ 열한 번째　⑫ 열두 번째

(63) 任 (　) 　(64) 災 (　) 　(65) 爭 (　)

5급(15) 예상문제 정답

1	목적	23	두 재	45	會
2	적색	24	다툴 쟁	46	弟
3	저금	25	붉을 적	47	空
4	전쟁	26	맡길 임	48	⑤ 民
5	재해	27	재물 재	49	② 百
6	재현	28	재앙 재	50	④ 西
7	재물	29	쌓을 저	51	④ 安
8	재료	30	과녁 적	52	② 園
9	신임	31	要因	53	① 一
10	원인	32	新任	54	③ 人
11	적중	33	敎材	55	⑤ 在
12	적자	34	財産	56	② 赤
13	저수	35	再會	57	가르칠 때 쓰이는 재료
14	경쟁	36	火災	58	두 번 다시 만나는 것
15	화재	37	競爭	59	정확히 들어맞음
16	재회	38	貯水	60	發
17	재산	39	赤字	61	爭
18	교재	40	的中	62	伝
19	신임	41	集	63	④
20	요인	42	太	64	⑤
21	인할 인	43	合	65	⑥
22	재목 재	44	形		

▶ 다음 본문을 읽고, 필순에 맞게 한자를 쓰세요.

필순 : 典典典典典典典典

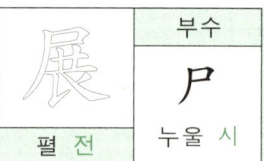

법 법에 법 전은 法典이고요
　　　　　　　　　법전
일정한 의식 典禮입니다.
　　　　　　전례

필순 : 展展展展展展展展展展

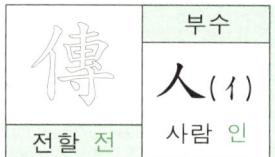

펼 전에 보일 시는 展示이고요
　　　　　　　　　전시
멀리 바라본 경치 展望입니다.
　　　　　　　　　전망

필순 : 傳傳傳傳傳傳傳傳傳傳傳傳

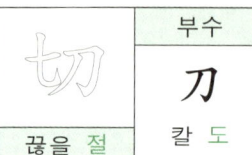

전할 전에 말씀 설은 傳說이고요
　　　　　　　　　　전설
전해져 내려온 것 傳來입니다.
　　　　　　　　　전래

필순 : 切切切切

친할 친에 끊을 절은 親切이고요
　　　　　　　　　　친절
긴요하고 간절함 切實입니다.
　　　　　　　　　절실

필순 : 節節節節節節節節節節節節節節節

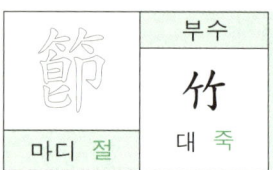

이름 명에 마디 절은 名節이고요
　　　　　　　　　　명절
아껴 쓰는 것 節約입니다.
　　　　　　　　절약

▶ 한자의 훈 음을 쓰고, 필순에 맞게 한자를 따라 쓰세요.

典 법 전	부수 八	典	典	典	법 전	법 전
展 펼 전	부수 尸	展	展	展	펼 전	펼 전
傳 전할 전	부수 人	傳	傳	傳	전할 전	전할 전
切 끊을 절	부수 刀	切	切	切	끊을 절	끊을 절
節 마디 절	부수 竹	節	節	節	마디 절	마디 절

▶ 다음 한자어를 쓰고, 낱말의 뜻을 쓰세요.

(1) 전례 (   ):

(2) 전망 (   ):

(3) 전래 (   ):

(4) 절실 (   ):

(5) 절약 (   ):

※ 오늘 배운 글자를 선생님께 「읽기점검」한다 ⇨ 455자

▶ 다음 본문을 읽고, 필순에 맞게 한자를 쓰세요.

필순 : 店店店店店店店店

店	부수 广
가게 점	집 엄

글 서에 가게 점은 書店이고요
일상 용품을 파는 가게 賣店입니다.

필순 : 停停停停停停停停停停

머무를 정에 그칠 지는 停止이고요
퇴직하도록 정해진 나이 停年입니다.

필순 : 情情情情情情情情情情

情	부수 心(忄)
뜻 정	마음 심

뜻 정에 말씀 담은 情談이고요
불같이 세찬 감정 熱情입니다.

필순 : 調調調調調調調調調調調調調調

調	부수 言
고를 조	말씀 언

고를 조에 화할 화는 調和이고요
분쟁을 중간에 서서 화해시킴 調停입니다.

필순 : 操操操操操操操操操操操操操操操操

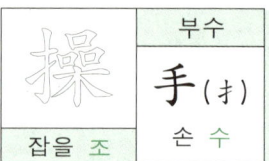

잡을 조에 지을 작은 操作이고요
기계를 움직여 일을 함 操業입니다.

▶ 한자의 훈 음을 쓰고, 필순에 맞게 한자를 따라 쓰세요.

店	부수 广	店	店	店		가게 점	가게 점
가게 점							
停	부수 人	停	停	停		머무를 정	머무를 정
머무를 정							
情	부수 心	情	情	情		뜻 정	뜻 정
뜻 정							
調	부수 言	調	調	調		고를 조	고를 조
고를 조							
操	부수 手	操	操	操		잡을 조	잡을 조
잡을 조							

▶ 다음 한자어를 쓰고, 낱말의 뜻을 쓰세요.

(1) 매점 (   ):

(2) 정년 (   ):

(3) 열정 (   ):

(4) 조정 (   ):

(5) 조업 (   ):

※ 오늘 배운 글자를 선생님께 「읽기점검」 한다 ⇨ 460자

▶ 다음 한자의 훈과 음을 쓰고, 한자를 따라 쓰세요.

臣	實	兒	惡	案
約	養	魚	漁	億
熱	葉	屋	完	要
曜	浴	牛	友	雨
雲	雄	元	院	原
願	位	偉	以	耳
因	任	材	財	再
災	爭	貯	赤	的
典	展	傳	切	節
店	停	情	調	操

▶ 다음 한자의 훈과 음에 맞는 한자를 쓰세요.

신하 신	열매 실	아이 아	악할 악/미워할 오	책상 안
맺을 약	기를 양	고기 어	고기잡을 어	억 억
더울 열	잎 엽	집 옥	완전할 완	요긴할 요
빛날 요	목욕할 욕	소 우	벗 우	비 우
구름 운	수컷 웅	으뜸 원	집 원	언덕 원
원할 원	자리 위	클 위	써 이	귀 이
인할 인	맡길 임	재목 재	재물 재	두 재
재앙 재	다툴 쟁	쌓을 저	붉을 적	과녁 적
법 전	펼 전	전할 전	끊을 절/온통 체	마디 절
가게 점	머무를 정	뜻 정	고를 조	잡을 조

▶ 다음 한자어의 독음을 쓰고, 한자어를 따라 쓰세요.

操	作	調	和	情	談	停	止
書	店	名	節	親	切	傳	說
展	示	法	典	操	業	調	停
熱	情	停	年	賣	店	節	約
切	實	傳	來	展	望	典	禮

▶ 다음 독음에 맞는 한자어를 쓰세요.

조	작	조	화	정	담	정	지
서	점	명	절	친	절	전	설
전	시	법	전	조	업	조	정
열	정	정	년	매	점	절	약
절	실	전	래	전	망	전	례

5급(16) 예상문제   월 일 / 확인

❶ 다음 漢字語의 讀音을 쓰세요.

1) 操作 (   )   2) 調和 (   )

3) 情談 (   )   4) 停止 (   )

5) 書店 (   )   6) 名節 (   )

7) 親切 (   )   8) 傳說 (   )

9) 展示 (   )   10) 法典 (   )

11) 操業 (   )   12) 調停 (   )

13) 熱情 (   )   14) 停年 (   )

15) 賣店 (   )   16) 節約 (   )

17) 切實 (   )   18) 傳來 (   )

19) 展望 (   )   20) 典禮 (   )

❷ 다음 漢字의 訓과 音을 쓰세요.

21) 典 (   )   22) 傳 (   )

23) 節 (   )   24) 停 (   )

25) 調 (   )   26) 展 (   )

27) 切 (   )   28) 店 (   )

29) 情 (   )   30) 操 (   )

③ 다음 밑줄 친 漢字語를 漢字로 쓰세요.

31) 왕실의 전례 음악이 연주되었다. ·················· (　　　)
32) 바닷가의 전망이 너무도 아름다웠다. ·········· (　　　)
33) 전래 동화책을 읽었다. ······························· (　　　)
34) 그들에겐 식생활이 절실한 문제였다. ·········· (　　　)
35) 비용을 절약하다. ····································· (　　　)
36) 회사 매점에서 필요한 물건을 샀다. ············ (　　　)
37) 교장 선생님이 정년퇴직을 하시다. ············· (　　　)
38) 어린이 한자교육에 열정을 쏟다. ················ (　　　)
39) 노사 간의 분쟁을 조정하다. ······················ (　　　)
40) 공장에서 다시 조업을 시작하다. ················ (　　　)

④ 다음 訓과 音에 맞는 漢字를 쓰세요.

41) 창 창 (　　　)　　42) 통할 통 (　　　)

43) 다닐 행 (　　　)　　44) 이름 호 (　　　)

45) 가르칠 훈 (　　　)

⑤ 다음 漢字와 뜻이 상대 또는 反對되는 漢字를 쓰세요.

46) 高 (　　　) ① 山　② 主　③ 下　④ 長

47) 昨 (　　　) ① 別　② 今　③ 生　④ 古

5급(16) 예상문제 월 일 / 확인

❻ 다음 ( )안에 들어갈 漢字를 아래에서 찾아 그 번호를 쓰세요.

① 石 ② 中 ③ 家 ④ 同 ⑤ 老

48) 同姓( )本 : 성씨와 본관이 같음

49) 十( )八九 : 열 가운데 여덟이나 아홉

50) 男女( )少 : 남자와 여자 늙은이와 젊은이

❼ 다음 漢字와 뜻이 같거나 비슷한 漢字를 아래에서 찾아 그 번호를 쓰세요.

① 文 ② 別 ③ 數 ④ 書 ⑤ 和

51) 平 ( )   52) 區 ( )

53) 計 ( )

❽ 다음 漢字와 음은 같은데 뜻이 다른 漢字를 아래에서 찾아 그 번호를 쓰세요.

① 度 ② 庭 ③ 戰 ④ 節 ⑤ 堂

54) 典 ( )   55) 切 ( )

56) 停 ( )

9 다음 漢字語의 뜻을 쓰세요.

57) 展望 :

58) 傳來 :

59) 節約 :

10 다음 漢字의 略字(약자 : 획수를 줄인 漢字)를 쓰세요.

① 鉄 ② 発 ③ 参 ④ 薬 ⑤ 画

60) 畵 (   )   61) 參 (   )

62) 鐵 (   )

11 다음 한자의 ㉠획은 몇 번째 쓰는지 아래에서 찾아 그 번호를 쓰세요.

① 첫 번째   ② 두 번째   ③ 세 번째   ④ 네 번째
⑤ 다섯 번째 ⑥ 여섯 번째 ⑦ 일곱 번째 ⑧ 여덟 번째
⑨ 아홉 번째 ⑩ 열 번째   ⑪ 열한 번째 ⑫ 열두 번째

(63) 傳 (   )   (64) 切 (   )   (65) 情 (   )

5급(16) 예상문제 정답

1	조작	23	마디 절	45	訓
2	조화	24	머무를 정	46	下
3	정담	25	고를 조	47	今
4	정지	26	펼 전	48	④ 同
5	서점	27	끊을 절/온통 체	49	② 中
6	명절	28	가게 점	50	⑤ 老
7	친절	29	뜻 정	51	⑤ 和
8	전설	30	잡을 조	52	② 別
9	전시	31	典禮	53	③ 數
10	법전	32	展望	54	③ 戰
11	조업	33	傳來	55	④ 節
12	조정	34	切實	56	②庭
13	열정	35	節約	57	멀리 바라본 경치
14	정년	36	賣店	58	전해져 내려온 것
15	매점	37	停年	59	아껴 쓰는 것
16	절약	38	熱情	60	画
17	절실	39	調停	61	参
18	전래	40	操業	62	鉄
19	전망	41	窓	63	⑧
20	전례	42	通	64	③
21	법 전	43	行	65	③
22	전할 전	44	號		

▶ 다음 본문을 읽고, 필순에 맞게 한자를 쓰세요.

필순 : 卒 亠 宀 宁 卆 卒 卒 卒

卒 마칠 졸	부수 十 열 십

마칠 졸에 업 업은 卒業이고요
　　　　　　　　　졸업
직위가 낮은 병사 卒兵입니다.
　　　　　　　졸병

필순 : 終 終 幺 彳 糸 糸 紗 終 終 終

終 마칠 종	부수 糸 실 사

마칠 종에 날 일은 終日이고요
　　　　　　　　　종일
맨 나중의 끝 終末입니다.
　　　　　　종말

필순 : 種 一 千 千 禾 秆 秆 秆 秆 秆 種 種 種

種 씨 종	부수 禾 벼 화

씨 종에 눈 목은 種目이고요
　　　　　　　　종목
동 식물의 씨앗 種子입니다.
　　　　　　　종자

필순 : 罪 罪 罪 罪 罒 罒 罪 罪 罪 罪 罪 罪

罪 허물 죄	부수 网(罒) 그물 망

허물 죄에 사람 인은 罪人이고요
　　　　　　　　　　죄인
죄가 되는 나쁜 짓 罪惡입니다.
　　　　　　　　죄악

필순 : 州 丿 丬 丬 州 州 州

州 고을 주	부수 巛(川) 내 천

온전 전에 고을 주는 全州이고요
　　　　　　　　　　전주
전라남도 빛고을 光州입니다.
　　　　　　　　광주

▶ 한자의 훈 음을 쓰고, 필순에 맞게 한자를 따라 쓰세요.

卒 마칠 졸	부수 十	卒	卒	卒	마칠 졸	마칠 졸
終 마칠 종	부수 糸	終	終	終	마칠 종	마칠 종
種 씨 종	부수 禾	種	種	種	씨 종	씨 종
罪 허물 죄	부수 网	罪	罪	罪	허물 죄	허물 죄
州 고을 주	부수 巛	州	州	州	고을 주	고을 주

▶ 다음 한자어를 쓰고, 낱말의 뜻을 쓰세요.

(1) 졸병 (　　　):

(2) 종말 (　　　):

(3) 종자 (　　　):

(4) 죄악 (　　　):

(5) 광주 (　　　):

※ 오늘 배운 글자를 선생님께 「읽기점검」 한다 ⇨ 465자

▶ 다음 본문을 읽고, 필순에 맞게 한자를 쓰세요.

필순 : 丿 刀 月 月 用 用 周 周 週 週 週

週	부수
주일 주	辶(辵) 갈 착

주일 주에 날 일은 週日이고요
       주일
이번 주일 今週입니다.
         금주

필순 : 丨 卜 止 止

止	부수
그칠 지	止 그칠 지

가운데 중에 그칠 지는 中止이고요
                중지
끝을 냄 終止입니다.
      종지

필순 : 丿 上 上 仁 矢 矢 知 知 知

知	부수
알 지	矢 화살 시

알 지에 알 식은 知識이고요
             지식
지적인 능력 知能입니다.
          지능

필순 : 質 質 質 質 質 質 質 質 質 質 質 質 質 質 質

質	부수
바탕 질	貝 조개 패

물건 품에 바탕 질은 品質이고요
              품질
의심나는 점을 묻는 일 質問입니다.
                  질문

필순 : 丷 䒑 䒑 着 着 羊 羊 羊 着 着 着

着	부수
붙을 착	目 눈 목

붙을 착에 장인 공은 着工이고요
              착공
땅 위에 내려앉음 着陸입니다.
              착륙

▶ 한자의 훈 음을 쓰고, 필순에 맞게 한자를 따라 쓰세요.

週 주일 주	부수 辶	週	週	週	주일 주	주일 주
止 그칠 지	부수 止	止	止	止	그칠 지	그칠 지
知 알 지	부수 矢	知	知	知	알 지	알 지
質 바탕 질	부수 貝	質	質	質	바탕 질	바탕 질
着 붙을 착	부수 目	着	着	着	붙을 착	붙을 착

▶ 다음 한자어를 쓰고, 낱말의 뜻을 쓰세요.

(1) 금주 (   ):

(2) 종지 (   ):

(3) 지능 (   ):

(4) 질문 (   ):

(5) 착륙 (   ):

※ 오늘 배운 글자를 선생님께 「읽기점검」 한다 ⇨ 470자

▶ 다음 한자의 훈과 음을 쓰고, 한자를 따라 쓰세요.

熱	葉	屋	完	要
曜	浴	牛	友	雨
雲	雄	元	院	原
願	位	偉	以	耳
因	任	材	財	再
災	爭	貯	赤	的
典	展	傳	切	節
店	停	情	調	操
卒	終	種	罪	州
週	止	知	質	着

▶ 다음 한자의 훈과 음에 맞는 한자를 쓰세요.

더울 열	잎 엽	집 옥	완전할 완	요긴할 요
빛날 요	목욕할 욕	소 우	벗 우	비 우
구름 운	수컷 웅	으뜸 원	집 원	언덕 원
원할 원	자리 위	클 위	써 이	귀 이
인할 인	맡길 임	재목 재	재물 재	두 재
재앙 재	다툴 쟁	쌓을 저	붉을 적	과녁 적
법 전	펼 전	전할 전	끊을 절 / 온통 체	마디 절
가게 점	머무를 정	뜻 정	고를 조	잡을 조
마칠 졸	마칠 종	씨 종	허물 죄	고을 주
주일 주	그칠 지	알 지	바탕 질	붙을 착

▶ 다음 한자어의 독음을 쓰고, 한자어를 따라 쓰세요.

着	工	品	質	知	識	中	止
週	日	全	州	罪	人	種	目
終	日	卒	業	着	陸	質	問
知	能	終	止	今	週	光	州
罪	惡	種	子	終	末	卒	兵

▶ 다음 독음에 맞는 한자어를 쓰세요.

착	공	품	질	지	식	중	지
주	일	전	주	죄	인	종	목
종	일	졸	업	착	륙	질	문
지	능	종	지	금	주	광	주
죄	악	종	자	종	말	졸	병

5급(17) 예상문제   월   일 / 확인

❶ 다음 漢字語의 讀音을 쓰세요.

1) 着工 (   )   2) 品質 (   )

3) 知識 (   )   4) 中止 (   )

5) 週日 (   )   6) 全州 (   )

7) 罪人 (   )   8) 種目 (   )

9) 終日 (   )   10) 卒業 (   )

11) 着陸 (   )   12) 質問 (   )

13) 知能 (   )   14) 終止 (   )

15) 今週 (   )   16) 光州 (   )

17) 罪惡 (   )   18) 種子 (   )

19) 終末 (   )   20) 卒兵 (   )

❷ 다음 漢字의 訓과 音을 쓰세요.

21) 卒 (   )   22) 種 (   )

23) 州 (   )   24) 止 (   )

25) 質 (   )   26) 終 (   )

27) 罪 (   )   28) 週 (   )

29) 知 (   )   30) 着 (   )

❸ 다음 밑줄 친 漢字語를 漢字로 쓰세요.

31) 군대의 졸병 때는 고생이 많다. ……………… (   )
32) 사랑의 종말을 고하다. …………………………… (   )
33) 진돗개는 종자가 좋은 개다. ……………………… (   )
34) 죄악은 반드시 벌을 받는다. ……………………… (   )
35) 전라남도 광주가 고향입니다. …………………… (   )
36) 금주 안으로 일을 마치다. ………………………… (   )
37) 장엄한 음악이 종지되다. ………………………… (   )
38) 아이의 지능이 발달하다. ………………………… (   )
39) 질문 사항을 답변하다. …………………………… (   )
40) 비행기가 안전하게 착륙하다. …………………… (   )

❹ 다음 訓과 音에 맞는 漢字를 쓰세요.

41) 느낄 감 (   )   42) 눈   목 (   )

43) 돌이킬 반 (   ) 44) 길   영 (   )

45) 옮길 운 (   )

❺ 다음 漢字와 뜻이 상대 또는 反對되는 漢字를 쓰세요.

46) 心 (   ) ① 山   ② 體   ③ 孫   ④ 長
47) 訓 (   ) ① 別   ② 夜   ③ 音   ④ 古

5급(17) 예상문제

6 다음 ( )안에 들어갈 漢字를 아래에서 찾아 그 번호를 쓰세요.

① 石 ② 有 ③ 大 ④ 朝 ⑤ 同

48) 花( )月夕 : 꽃피는 아침과 달 밝은 밤

49) 男女( )別 : 남녀 간에는 분별이 있어야 함

50) 老少( )樂 : 늙은이와 젊은이가 함께 즐김

7 다음 漢字와 뜻이 같거나 비슷한 漢字를 아래에서 찾아 그 번호를 쓰세요.

① 會 ② 里 ③ 數 ④ 等 ⑤ 動

51) 洞 ( )   52) 運 ( )

53) 平 ( )

8 다음 漢字와 음은 같은데 뜻이 다른 漢字를 아래에서 찾아 그 번호를 쓰세요.

① 主 ② 老 ③ 令 ④ 終 ⑤ 紙

54) 種 ( )   55) 州 ( )

56) 止 ( )

❾ 다음 漢字語의 뜻을 쓰세요.

57) 種子 :

58) 罪惡 :

59) 知能 :

❿ 다음 漢字의 略字(약자 : 획수를 줄인 漢字)를 쓰세요.

① 礼　② 発　③ 黒　④ 対　⑤ 昼

60) 黑 (　　)　　　　　61) 禮 (　　)

62) 發 (　　)

⓫ 다음 한자의 ㉠획은 몇 번째 쓰는지 아래에서 찾아 그 번호를 쓰세요.

① 첫 번째　　② 두 번째　　③ 세 번째　　④ 네 번째
⑤ 다섯 번째　⑥ 여섯 번째　⑦ 일곱 번째　⑧ 여덟 번째
⑨ 아홉 번째　⑩ 열 번째　　⑪ 열한 번째　⑫ 열두 번째

(63) 州 (　　)　　(64) 止 (　　)　　(65) 質 (　　)

5급(17) 예상문제 정답

1	착공	23	고을 주	45	運
2	품질	24	그칠 지	46	體
3	지식	25	바탕 질	47	音
4	중지	26	마칠 종	48	④ 朝
5	주일	27	허물 죄	49	② 有
6	전주	28	주일 주	50	⑤ 同
7	죄인	29	알 지	51	② 里
8	종목	30	붙을 착	52	⑤ 動
9	종일	31	卒兵	53	④ 等
10	졸업	32	終末	54	④ 終
11	착륙	33	種子	55	① 主
12	질문	34	罪惡	56	⑤ 紙
13	지능	35	光州	57	동 식물의 씨앗
14	종지	36	今週	58	죄가 되는 나쁜 짓
15	금주	37	終止	59	지적인 능력
16	광주	38	知能	60	黑
17	죄악	39	質問	61	礼
18	종자	40	着陸	62	発
19	종말	41	感	63	④
20	졸병	42	目	64	②
21	마칠 종	43	反	65	⑦
22	씨 종	44	永		

▶ 다음 본문을 읽고, 필순에 맞게 한자를 쓰세요.

필순 : 參參參參參參參參參參參

參 참여할 참	부수 ム 사사 사

참여할 참에 더할 가는 參加이고요
어떤 자리에 참여함 參席입니다.

필순 : 唱唱唱唱唱唱唱唱唱唱唱

唱 부를 창	부수 口 입 구

부를 창에 노래 가는 唱歌이고요
다시 노래 부르는 것 再唱입니다.

필순 : 責責責責責責責責責責責

責 꾸짖을 책	부수 貝 조개 패

꾸짖을 책에 맡길 임은 責任이고요
잘못을 꾸짖는 것 責望입니다.

필순 : 鐵鐵鐵鐵鐵鐵鐵鐵鐵鐵鐵鐵鐵鐵鐵鐵鐵鐵鐵鐵鐵

鐵 쇠 철	부수 金 쇠 금

쇠 철에 법칙 칙은 鐵則이고요
철을 주재료로 건설한 다리 鐵橋입니다.

필순 : 初初初初初初初

初 처음 초	부수 刀 칼 도

처음 초에 해 년은 初年이고요
맨 처음의 등급 初等입니다.

▶ 한자의 훈 음을 쓰고, 필순에 맞게 한자를 따라 쓰세요.

參	부수 ム	參	參	參		
참여할 참					참여할 참	참여할 참
唱	부수 口	唱	唱	唱		
부를 창					부를 창	부를 창
責	부수 貝	責	責	責		
꾸짖을 책					꾸짖을 책	꾸짖을 책
鐵	부수 金	鐵	鐵	鐵		
쇠 철					쇠 철	쇠 철
初	부수 刀	初	初	初		
처음 초					처음 초	처음 초

▶ 다음 한자어를 쓰고, 낱말의 뜻을 쓰세요.

(1) 참석 (   ):

(2) 재창 (   ):

(3) 책망 (   ):

(4) 철교 (   ):

(5) 초등 (   ):

※ 오늘 배운 글자를 선생님께 「읽기점검」한다 ⇨ 475자

▶ 다음 본문을 읽고, 필순에 맞게 한자를 쓰세요.

필순: 最 最 最 最 最 最 最 最 最 最 最 最

最	부수 日 말할 왈
가장 최	

가장 최에 **높을 고**는 最高이고요
　　　　　　　　　　최고
가장 새로운 것 最新입니다.
　　　　　　　최신

필순: 祝 祝 祝 祝 祝 祝 祝 祝 祝 祝

祝	부수 示 보일 시
빌 축	

빌 축에 **복 복**은 祝福이고요
　　　　　　　　축복
소원을 비는 일 祝願입니다.
　　　　　　　축원

필순: 充 充 充 充 充 充

充	부수 儿 어진사람인
채울 충	

채울 충에 **나눌 분**은 充分이고요
　　　　　　　　　　충분
모자람을 채워 메움 充當입니다.
　　　　　　　　　충당

필순: 致 致 致 致 致 致 致 致 致 致

致	부수 至 이를 지
이를 치	

이를 치에 **죽을 사**는 致死이고요
　　　　　　　　　　치사
죽을 지경에 이름 致命입니다.
　　　　　　　　치명

필순: 丨 刀 刀 月 目 貝 貝 則 則

則	부수 刀(刂) 칼 도
법칙 칙	

언덕 원에 **법칙 칙**은 原則이고요
　　　　　　　　　　원칙
단체 모임의 규칙 會則입니다.
　　　　　　　　회칙

▶ 한자의 훈 음을 쓰고, 필순에 맞게 한자를 따라 쓰세요.

最	부수 日	最	最	最		
가장 최					가장 최	가장 최
祝	부수 示	祝	祝	祝		
빌 축					빌 축	빌 축
充	부수 儿	充	充	充		
채울 충					채울 충	채울 충
致	부수 至	致	致	致		
이를 치					이를 치	이를 치
則	부수 刀	則	則	則		
법칙 칙					법칙 칙	법칙 칙

▶ 다음 한자어를 쓰고, 낱말의 뜻을 쓰세요.

(1) 최신 (   ):

(2) 축원 (   ):

(3) 충당 (   ):

(4) 치명 (   ):

(5) 회칙 (   ):

※ 오늘 배운 글자를 선생님께 「읽기점검」 한다 ⇨ 480자

▶ 다음 한자의 훈과 음을 쓰고, 한자를 따라 쓰세요.

雲	雄	元	院	原
願	位	偉	以	耳
因	任	材	財	再
災	爭	貯	赤	的
典	展	傳	切	節
店	停	情	調	操
卒	終	種	罪	州
週	止	知	質	着
參	唱	責	鐵	初
最	祝	充	致	則

▶ 다음 한자의 훈과 음에 맞는 한자를 쓰세요.

구름 운	수컷 웅	으뜸 원	집 원	언덕 원
원할 원	자리 위	클 위	써 이	귀 이
인할 인	맡길 임	재목 재	재물 재	두 재
재앙 재	다툴 쟁	쌓을 저	붉을 적	과녁 적
법 전	펼 전	전할 전	끊을 절 / 온통 체	마디 절
가게 점	머무를 정	뜻 정	고를 조	잡을 조
마칠 졸	마칠 종	씨 종	허물 죄	고을 주
주일 주	그칠 지	알 지	바탕 질	붙을 착
참여할 참	부를 창	꾸짖을 책	쇠 철	처음 초
가장 최	빌 축	채울 충	이를 치	법칙 칙 / 곧 즉

▶ 다음 한자어의 독음을 쓰고, 한자어를 따라 쓰세요.

原	則	致	死	充	分	祝	福
最	高	初	年	鐵	則	責	任
唱	歌	參	加	會	則	致	命
充	當	祝	願	最	新	初	等
鐵	橋	責	望	再	唱	參	席

▶ 다음 독음에 맞는 한자어를 쓰세요.

원	칙	치	사	충	분	축	복
최	고	초	년	철	칙	책	임
창	가	참	가	회	칙	치	명
충	당	축	원	최	신	초	등
철	교	책	망	재	창	참	석

5급(18) 예상문제   월   일 / 확인

❶ 다음 漢字語의 讀音을 쓰세요.

1) 原則 (   )   2) 致死 (   )

3) 充分 (   )   4) 祝福 (   )

5) 最高 (   )   6) 初年 (   )

7) 鐵則 (   )   8) 責任 (   )

9) 唱歌 (   )   10) 參加 (   )

11) 會則 (   )   12) 致命 (   )

13) 充當 (   )   14) 祝願 (   )

15) 最新 (   )   16) 初等 (   )

17) 鐵橋 (   )   18) 責望 (   )

19) 再唱 (   )   20) 參席 (   )

❷ 다음 漢字의 訓과 音을 쓰세요.

21) 參 (   )   22) 責 (   )

23) 初 (   )   24) 祝 (   )

25) 致 (   )   26) 唱 (   )

27) 鐵 (   )   28) 最 (   )

29) 充 (   )   30) 則 (   )

❸ 다음 밑줄 친 漢字語를 漢字로 쓰세요.

31) 회의에 참석하다. ·· (   )

32) 노래의 재창을 청하다. ···································· (   )

33) 약속 어긴 것을 책망하다. ······························· (   )

34) 한강 철교를 지나다. ······································ (   )

35) 초등 교육을 받고도 그는 성공했다. ············· (   )

36) 최신 기술을 도입하다. ··································· (   )

37) 앞날에 영광이 있기를 축원하다. ···················· (   )

38) 번 돈을 학비에 충당하다. ······························ (   )

39) 치명적인 상처를 입었다. ······························· (   )

40) 회칙을 제정하다. ·· (   )

❹ 다음 訓과 音에 맞는 漢字를 쓰세요.

41) 성   박 (   )   42) 날랠 용 (   )

43) 모일 사 (   )   44) 글   장 (   )

45) 업   업 (   )

❺ 다음 漢字와 뜻이 상대 또는 反對되는 漢字를 쓰세요.

46) 夏 (   ) ① 山   ② 身   ③ 合   ④ 冬

47) 學 (   ) ① 別   ② 夜   ③ 訓   ④ 古

5급(18) 예상문제   월   일 / 확인

❻ 다음 ( )안에 들어갈 漢字를 아래에서 찾아 그 번호를 쓰세요.

① 石   ② 天   ③ 長   ④ 不   ⑤ 自

48) 人事( )省 : 사람이 정신을 잃고 제 몸을 살피지 못함
49) 大明( )地 : 아주 밝은 세상
50) 不老( )生 : 늙지 않고 오래 삶

❼ 다음 漢字와 뜻이 같거나 비슷한 漢字를 아래에서 찾아 그 번호를 쓰세요.

① 名   ② 式   ③ 作   ④ 綠   ⑤ 術

51) 例 ( )   52) 靑 ( )
53) 號 ( )

❽ 다음 漢字와 음은 같은데 뜻이 다른 漢字를 아래에서 찾아 그 번호를 쓰세요.

① 亡   ② 窓   ③ 病   ④ 草   ⑤ 寸

54) 唱 ( )   55) 初 ( )
56) 村 ( )

9 다음 漢字語의 뜻을 쓰세요.

57) 參席 :

58) 鐵橋 :

59) 初等 :

10 다음 漢字의 略字(약자 : 획수를 줄인 漢字)를 쓰세요.

① 会 ② 画 ③ 関 ④ 対 ⑤ 昼

60) 關 (　　　)　　　61) 畵 (　　　)

62) 會 (　　　)

11 다음 한자의 ㉠획은 몇 번째 쓰는지 아래에서 찾아 그 번호를 쓰세요.

① 첫 번째　② 두 번째　③ 세 번째　④ 네 번째
⑤ 다섯 번째　⑥ 여섯 번째　⑦ 일곱 번째　⑧ 여덟 번째
⑨ 아홉 번째　⑩ 열 번째　⑪ 열한 번째　⑫ 열두 번째

(63) 參 (　)　　(64) 初 (　)　　(65) 致 (　)

5급(18) 예상문제 정답

1	원칙	23	처음 초	45	業
2	치사	24	빌 축	46	冬
3	충분	25	이를 치	47	訓
4	축복	26	부를 창	48	④ 不
5	최고	27	쇠 철	49	② 天
6	초년	28	가장 최	50	③ 長
7	철칙	29	채울 충	51	② 式
8	책임	30	법칙 칙	52	④ 綠
9	창가	31	參席	53	① 名
10	참가	32	再唱	54	② 窓
11	회칙	33	責望	55	④ 草
12	치명	34	鐵橋	56	⑤ 寸
13	충당	35	初等	57	어떤 자리에 참여함
14	축원	36	最新	58	철을 주재료로 건설한 다리
15	최신	37	祝願	59	맨 처음의 등급
16	초등	38	充當	60	関
17	철교	39	致命	61	画
18	책망	40	會則	62	会
19	재창	41	朴	63	⑥
20	참석	42	勇	64	⑥
21	참여할 참	43	社	65	⑩
22	꾸짖을 책	44	章		

▶ 다음 본문을 읽고, 필순에 맞게 한자를 쓰세요.

필순 : 他 他 他 他 他

他	부수 人(亻)
다를 타	사람 인

다를 타에 **사람 인**은 他人이고요
제나라 아닌 다른 나라 他國입니다.

필순 : 打 打 打 打 打

打	부수 手(扌)
칠 타	손 수

칠 타에 **하여금 령**은 打令이고요
이해관계를 셈해 봄 打算입니다.

필순 : 卓 卓 卓 卓 卓 卓 卓 卓

卓	부수 十
높을 탁	열 십

높을 탁에 **공 구**는 卓球이고요
뛰어난 식견 卓見입니다.

필순 : 炭 炭 炭 炭 炭 炭 炭 炭 炭

炭	부수 火
숯 탄	불 화

돌 석에 **숯 탄**은 石炭이고요
화합할 수 없는 성질 氷炭입니다.

필순 : 宅 宅 宅 宅 宅 宅

宅	부수 宀
집 택	집 면

살 주에 **집 택**은 住宅이고요
살림 하는 집 家宅입니다.

▶ 한자의 훈 음을 쓰고, 필순에 맞게 한자를 따라 쓰세요.

他	부수 人	他	他	他		
다를 타					다를 타	다를 타
打	부수 手	打	打	打		
칠 타					칠 타	칠 타
卓	부수 十	卓	卓	卓		
높을 탁					높을 탁	높을 탁
炭	부수 火	炭	炭	炭		
숯 탄					숯 탄	숯 탄
宅	부수 宀	宅	宅	宅		
집 택					집 택	집 택

▶ 다음 한자어를 쓰고, 낱말의 뜻을 쓰세요.

(1) 타국 (   ):

(2) 타산 (   ):

(3) 탁견 (   ):

(4) 빙탄 (   ):

(5) 가택 (   ):

※ 오늘 배운 글자를 선생님께 「읽기점검」 한다 ⇨ 485자

▶ 다음 본문을 읽고, 필순에 맞게 한자를 쓰세요.

필순 : 板 板 板 板 板 板 板 板

板	부수 木 나무 목
널 판	

널 판에 아들 자는 板子이고요
　　　　　　　　　판자
목판으로 박은 책 板本입니다.
　　　　　　　　판본

필순 : 敗 敗 敗 敗 敗 敗 敗 敗 敗 敗 敗

敗	부수 攴(攵) 칠 복
패할 패	

패할 패에 달아날 배는 敗北이고요
　　　　　　　　　　　패배
전쟁에서 진 싸움 敗戰입니다.
　　　　　　　　패전

필순 : 品 品 品 品 品 品 品 品 品

品	부수 口 입 구
물건 품	

먹을 식에 물건 품은 食品이고요
　　　　　　　　　　식품
사고 파는 물품 商品입니다.
　　　　　　　상품

필순 : 必 必 必 必 必

必	부수 心 마음 심
반드시 필	

반드시 필에 요긴할 요는 必要이고요
　　　　　　　　　　　　필요
반드시 이기는 것 必勝입니다.
　　　　　　　　필승

필순 : 筆 筆 筆 筆 筆 筆 筆 筆 筆 筆 筆 筆

筆	부수 竹 대 죽
붓 필	

붓 필에 놈 자는 筆者이고요
　　　　　　　　필자
글씨 쓰는 순서 筆順입니다.
　　　　　　　필순

▶ 한자의 훈 음을 쓰고, 필순에 맞게 한자를 따라 쓰세요.

板	부수 木	板	板	板		
널 판					널 판	널 판
敗	부수 攵	敗	敗	敗		
패할 패					패할 패	패할 패
品	부수 口	品	品	品		
물건 품					물건 품	물건 품
必	부수 心	必	必	必		
반드시 필					반드시 필	반드시 필
筆	부수 竹	筆	筆	筆		
붓 필					붓 필	붓 필

▶ 다음 한자어를 쓰고, 낱말의 뜻을 쓰세요.

(1) 판본 (   ):

(2) 패전 (   ):

(3) 상품 (   ):

(4) 필승 (   ):

(5) 필순 (   ):

※ 오늘 배운 글자를 선생님께 「읽기점검」 한다 ⇨ 490자

▶ 다음 한자의 훈과 음을 쓰고, 한자를 따라 쓰세요.

因	任	材	財	再
災	爭	貯	赤	的
典	展	傳	切	節
店	停	情	調	操
卒	終	種	罪	州
週	止	知	質	着
參	唱	責	鐵	初
最	祝	充	致	則
他	打	卓	炭	宅
板	敗	品	必	筆

▶ 다음 한자의 훈과 음에 맞는 한자를 쓰세요.

인할 인	맡길 임	재목 재	재물 재	두 재
재앙 재	다툴 쟁	쌓을 저	붉을 적	과녁 적
법 전	펼 전	전할 전	끊을 절/온통 체	마디 절
가게 점	머무를 정	뜻 정	고를 조	잡을 조
마칠 졸	마칠 종	씨 종	허물 죄	고을 주
주일 주	그칠 지	알 지	바탕 질	붙을 착
참여할 참	부를 창	꾸짖을 책	쇠 철	처음 초
가장 최	빌 축	채울 충	이를 치	법칙 칙/곧 즉
다를 타	칠 타	높을 탁	숯 탄	집 택/집 댁
널 판	패할 패	물건 품	반드시 필	붓 필

▶ 다음 한자어의 독음을 쓰고, 한자어를 따라 쓰세요.

筆	者	必	要	食	品	敗	北
板	子	住	宅	石	炭	卓	球
打	令	他	人	筆	順	必	勝
商	品	敗	戰	板	本	家	宅
氷	炭	卓	見	打	算	他	國

▶ 다음 독음에 맞는 한자어를 쓰세요.

필	자	필	요	식	품	패	배
판	자	주	택	석	탄	탁	구
타	령	타	인	필	순	필	승
상	품	패	전	판	본	가	택
빙	탄	탁	견	타	산	타	국

5급(19) 예상문제   월 일 / 확인

❶ 다음 漢字語의 讀音을 쓰세요.

1) 筆者 (   )   2) 必要 (   )

3) 食品 (   )   4) 敗北 (   )

5) 板子 (   )   6) 住宅 (   )

7) 石炭 (   )   8) 卓球 (   )

9) 打令 (   )   10) 他人 (   )

11) 筆順 (   )   12) 必勝 (   )

13) 商品 (   )   14) 敗戰 (   )

15) 板本 (   )   16) 家宅 (   )

17) 氷炭 (   )   18) 卓見 (   )

19) 打算 (   )   20) 他國 (   )

❷ 다음 漢字의 訓과 音을 쓰세요.

21) 他 (   )   22) 卓 (   )

23) 宅 (   )   24) 敗 (   )

25) 必 (   )   26) 打 (   )

27) 炭 (   )   28) 板 (   )

29) 品 (   )   30) 筆 (   )

❸ 다음 밑줄 친 漢字語를 漢字로 쓰세요.

31) 낯 설은 <u>타국</u>에서 고생이 많구나. ……… (　　　　)

32) 수지 <u>타산</u>이 맞지 않다. …………………… (　　　　)

33) 대가의 <u>탁견</u>을 경청하다. …………………… (　　　　)

34) 둘은 조화 될 수 없는 <u>빙탄</u>간이야. ………… (　　　　)

35) 친지의 <u>가택</u>을 방문하다. …………………… (　　　　)

36) 목판으로 인쇄한 책을 <u>판본</u>이라 한다. …… (　　　　)

37) 조조가 <u>패전</u>하여 도망을 가다. ……………… (　　　　)

38) 필요한 <u>상품</u>을 구매하다. …………………… (　　　　)

39) 축구 경기에서 <u>필승</u>을 다짐하다. …………… (　　　　)

40) <u>필순</u>에 맞춰 한자를 쓰다. …………………… (　　　　)

❹ 다음 訓과 音에 맞는 漢字를 쓰세요.

41) 눈　설 (　　　　)　　42) 뜰　정 (　　　　)

43) 약할 약 (　　　　)　　44) 몸　체 (　　　　)

45) 나타날 현 (　　　　)

❺ 다음 漢字와 뜻이 상대 또는 反對되는 漢字를 쓰세요.

46) 老 (　　) ① 山　② 童　③ 學　④ 長

47) 父 (　　) ① 別　② 夕　③ 母　④ 古

5급(19) 예상문제

6 다음 ( )안에 들어갈 漢字를 아래에서 찾아 그 번호를 쓰세요.

> ① 動　② 明　③ 社　④ 無　⑤ 千

48) 前( )後無 : 전에도 없었고 앞으로도 없음

49) 淸風( )月 : 맑은 바람과 밝은 달

50) 草食( )物 : 풀을 먹고 사는 동물

7 다음 漢字와 뜻이 같거나 비슷한 漢字를 아래에서 찾아 그 번호를 쓰세요.

> ① 樂　② 洋　③ 數　④ 語　⑤ 遠

51) 永 (　　)　　52) 歌 (　　)

53) 海 (　　)

8 다음 漢字와 음은 같은데 뜻이 다른 漢字를 아래에서 찾아 그 번호를 쓰세요.

> ① 類　② 筆　③ 玉　④ 急　⑤ 打

54) 他 (　　)　　55) 必 (　　)

56) 屋 (　　)

9 다음 漢字語의 뜻을 쓰세요.

57) 他國 :

58) 家宅 :

59) 筆順 :

10 다음 漢字의 略字(약자 : 획수를 줄인 漢字)를 쓰세요.

> ① 挙 ② 実 ③ 売 ④ 軽 ⑤ 団

60) 團 (   )   61) 賣 (   )

62) 實 (   )

11 다음 한자의 ㉠획은 몇 번째 쓰는지 아래에서 찾아 그 번호를 쓰세요.

① 첫 번째   ② 두 번째   ③ 세 번째   ④ 네 번째
⑤ 다섯 번째   ⑥ 여섯 번째   ⑦ 일곱 번째   ⑧ 여덟 번째
⑨ 아홉 번째   ⑩ 열 번째   ⑪ 열한 번째   ⑫ 열두 번째

(63) 他 (   )   (64) 敗 (   )   (65) 必 (   )

5급(19) 예상문제 정답

1	필자	23	집택 / 집댁	45	現
2	필요	24	패할 패	46	童
3	식품	25	반드시 필	47	母
4	패배	26	칠 타	48	④ 無
5	판자	27	숯 탄	49	② 明
6	주택	28	널 판	50	① 動
7	석탄	29	물건 품	51	⑤ 遠
8	탁구	30	붓 필	52	① 樂
9	타령	31	他國	53	② 洋
10	타인	32	打算	54	⑤ 打
11	필순	33	卓見	55	② 筆
12	필승	34	氷炭	56	③ 玉
13	상품	35	家宅	57	제나라 아닌 다른 나라
14	패전	36	板本	58	살림 하는 집
15	판본	37	敗戰	59	글씨 쓰는 순서
16	가택	38	商品	60	団
17	빙탄	39	必勝	61	売
18	탁견	40	筆順	62	実
19	타산	41	雪	63	④
20	타국	42	庭	64	⑨
21	다를 타	43	弱	65	②
22	높을 탁	44	體		

▶ 다음 본문을 읽고, 필순에 맞게 한자를 쓰세요.

필순: 河河河河河河河河

河	부수 水(氵) 물 수
물 하	

물 하에 내 천은 河川이고요
　　　　　　　　 하천
산과 강 山河입니다.
　　　　산하

필순: 寒寒寒寒寒寒寒寒寒寒寒寒

寒	부수 宀 집 면
찰 한	

찰 한에 해할 해는 寒害이고요
　　　　　　　　　 한해
추운 지방 寒地입니다.
　　　　　 한지

필순: 害害害害害害害害害害

害	부수 宀 집 면
해할 해	

공평할 공에 해할 해는 公害이고요
　　　　　　　　　　　 공해
손해를 입히는 것 加害입니다.
　　　　　　　　　가해

필순: 許許許許許許許許許許許

許	부수 言 말씀 언
허락 허	

허락 허에 옳을 가는 許可이고요
　　　　　　　　　　 허가
특별히 허락함 特許입니다.
　　　　　　　 특허

필순: 湖湖湖湖湖湖湖湖湖湖湖

湖	부수 水(氵) 물 수
호수 호	

큰 대에 호수 호는 大湖이고요
　　　　　　　　　 대호
넓고 깊게 물이 괴어 있는 곳 湖水입니다.
　　　　　　　　　　　　　　 호수

▶ 한자의 훈 음을 쓰고, 필순에 맞게 한자를 따라 쓰세요.

河	부수 水	河	河	河		
물 하					물 하	물 하
寒	부수 宀	寒	寒	寒		
찰 한					찰 한	찰 한
害	부수 宀	害	害	害		
해할 해					해할 해	해할 해
許	부수 言	許	許	許		
허락 허					허락 허	허락 허
湖	부수 水	湖	湖	湖		
호수 호					호수 호	호수 호

▶ 다음 한자어를 쓰고, 낱말의 뜻을 쓰세요.

(1) 산하 (　　　):

(2) 한지 (　　　):

(3) 가해 (　　　):

(4) 특허 (　　　):

(5) 호수 (　　　):

※ 오늘 배운 글자를 선생님께 「읽기점검」 한다 ⇨ 495자

▶ 다음 본문을 읽고, 필순에 맞게 한자를 쓰세요.

필순 : 化 化 化 化

化	부수
될 화	匕 숟가락 비

될 화에 돌 석은 化石이고요
강하게 되는 것 强化입니다.

필순 : 患 患 患 患 患 患 患 患 患 患 患

患	부수
근심 환	心 마음 심

근심 환에 놈 자는 患者이고요
병든 곳이나 상처 난 곳 患部입니다.

필순 : 效 效 效 效 效 效 效 效 效 效

效	부수
본받을 효	攴(攵) 칠 복

본받을 효에 실과 과는 效果이고요
효험을 나타내는 능력 效能입니다.

필순 : 凶 凶 凶 凶

凶	부수
흉할 흉	凵 입벌릴 감

흉할 흉에 해 년은 凶年이고요
흉악한 계책 凶計입니다.

필순 : 黑 黑 黑 黑 黑 黑 黑 黑 黑 黑 黑 黑

黑	부수
검을 흑	黑 검을 흑

검을 흑에 사람 인은 黑人이고요
검은 빛과 흰 빛 黑白입니다.

▶ 한자의 훈 음을 쓰고, 필순에 맞게 한자를 따라 쓰세요.

化	부수 匕	化	化	化		
될 화					될 화	될 화
患	부수 心	患	患	患		
근심 환					근심 환	근심 환
效	부수 攴	效	效	效		
본받을 효					본받을 효	본받을 효
凶	부수 凵	凶	凶	凶		
흉할 흉					흉할 흉	흉할 흉
黑	부수 黑	黑	黑	黑		
검을 흑					검을 흑	검을 흑

▶ 다음 한자어를 쓰고, 낱말의 뜻을 쓰세요.

(1) 강화 (   ):

(2) 환부 (   ):

(3) 효능 (   ):

(4) 흉계 (   ):

(5) 흑백 (   ):

※ 오늘 배운 글자를 선생님께 「읽기점검」 한다 ⇨ 500자

▶ 다음 한자의 훈과 음을 쓰고, 한자를 따라 쓰세요.

典	展	傳	切	節
店	停	情	調	操
卒	終	種	罪	州
週	止	知	質	着
參	唱	責	鐵	初
最	祝	充	致	則
他	打	卓	炭	宅
板	敗	品	必	筆
河	寒	害	許	湖
化	患	效	凶	黑

▶ 다음 한자의 훈과 음에 맞는 한자를 쓰세요.

법 전	펼 전	전할 전	끊을 절/온통 체	마디 절
가게 점	머무를 정	뜻 정	고를 조	잡을 조
마칠 졸	마칠 종	씨 종	허물 죄	고을 주
주일 주	그칠 지	알 지	바탕 질	붙을 착
참여할 참	부를 창	꾸짖을 책	쇠 철	처음 초
가장 최	빌 축	채울 충	이를 치	법칙 칙/곧 즉
다를 타	칠 타	높을 탁	숯 탄	집 택/집 댁
널 판	패할 패	물건 품	반드시 필	붓 필
물 하	찰 한	해할 해	허락할 허	호수 호
될 화	근심 환	본받을 효	흉할 흉	검을 흑

▶ 다음 한자어의 독음을 쓰고, 한자어를 따라 쓰세요.

黑	人	凶	年	效	果	患	者
化	石	湖	水	許	可	公	害
寒	害	河	川	黑	白	凶	計
效	能	患	部	强	化	大	湖
特	許	加	害	寒	地	山	河

▶ 다음 독음에 맞는 한자어를 쓰세요.

흑	인	흉	년	효	과	환	자
화	석	호	수	허	가	공	해
한	해	하	천	흑	백	흉	계
효	능	환	부	강	화	대	호
특	허	가	해	한	지	산	하

5급(20) 예상문제

❶ 다음 漢字語의 讀音을 쓰세요.

1) 黑人 (　　) 2) 凶年 (　　)

3) 效果 (　　) 4) 患者 (　　)

5) 化石 (　　) 6) 湖水 (　　)

7) 許可 (　　) 8) 公害 (　　)

9) 寒害 (　　) 10) 河川 (　　)

11) 黑白 (　　) 12) 凶計 (　　)

13) 效能 (　　) 14) 患部 (　　)

15) 强化 (　　) 16) 大湖 (　　)

17) 特許 (　　) 18) 加害 (　　)

19) 寒地 (　　) 20) 山河 (　　)

❷ 다음 漢字의 訓과 音을 쓰세요.

21) 河 (　　) 22) 害 (　　)

23) 湖 (　　) 24) 患 (　　)

25) 凶 (　　) 26) 寒 (　　)

27) 許 (　　) 28) 化 (　　)

29) 效 (　　) 30) 黑 (　　)

❸ 다음 밑줄 친 漢字語를 漢字로 쓰세요.

31) 조국의 <u>산하</u>가 그리웠다. ················ (　　　　)
32) <u>한지</u>의 농작물은 잘 자라지 않는다. ········ (　　　　)
33) <u>가해</u>자를 처벌하다. ···················· (　　　　)
34) 한자 학습교재로 <u>특허</u>를 얻다. ············ (　　　　)
35) 인공 <u>호수</u>를 만들다. ···················· (　　　　)
36) 국방력을 <u>강화</u>하다. ···················· (　　　　)
37) 통증이 심한 <u>환부</u>의 치료를 받다. ········ (　　　　)
38) 이 약은 소화불량에 <u>효능</u>이 있다. ········ (　　　　)
39) 간신들이 <u>흉계</u>를 꾸미다. ················ (　　　　)
40) <u>흑백</u>을 분명히 가리다. ·················· (　　　　)

❹ 다음 訓과 音에 맞는 漢字를 쓰세요.

41) 공　구 (　　　　)　　42) 사라질 소 (　　　　)

43) 업　업 (　　　　)　　44) 제목 제 (　　　　)

45) 나타날 현 (　　　　)

❺ 다음 漢字와 뜻이 상대 또는 反對되는 漢字를 쓰세요.

46) 川 (　　　) ① 山　② 活　③ 本　④ 長
47) 物 (　　　) ① 別　② 會　③ 心　④ 古

5급(20) 예상문제

6 다음 ( )안에 들어갈 漢字를 아래에서 찾아 그 번호를 쓰세요.

① 石 ② 長 ③ 正 ④ 同 ⑤ 工

48) 訓民( )音 : 백성을 가르치는 바른 소리

49) 草綠( )色 : 풀과 푸른빛은 같은 색

50) 電光( )火 : 번갯불이나 부싯돌의 불처럼 짧은 순간

7 다음 漢字와 뜻이 같거나 비슷한 漢字를 아래에서 찾아 그 번호를 쓰세요.

① 會 ② 特 ③ 業 ④ 直 ⑤ 明

51) 英 ( )   52) 光 ( )

53) 事 ( )

8 다음 漢字와 음은 같은데 뜻이 다른 漢字를 아래에서 찾아 그 번호를 쓰세요.

① 類 ② 夏 ③ 話 ④ 急 ⑤ 韓

54) 河 ( )   55) 寒 ( )

56) 化 ( )

❾ 다음 漢字語의 뜻을 쓰세요.

57) 山河 :

58) 寒地 :

59) 黑白 :

❿ 다음 漢字의 略字(약자: 획수를 줄인 漢字)를 쓰세요.

① 発 ② 観 ③ 対 ④ 関 ⑤ 礼

60) 對 (   )   61) 禮 (   )

62) 發 (   )

⓫ 다음 한자의 ㉠획은 몇 번째 쓰는지 아래에서 찾아 그 번호를 쓰세요.

① 첫 번째   ② 두 번째   ③ 세 번째   ④ 네 번째
⑤ 다섯 번째   ⑥ 여섯 번째   ⑦ 일곱 번째   ⑧ 여덟 번째
⑨ 아홉 번째   ⑩ 열 번째   ⑪ 열한 번째   ⑫ 열두 번째

(63) 河 (   )   (64) 化 (   )   (65) 凶 (   )

5급(20) 예상문제 정답

1	흑인	23	호수 호	45	現
2	흉년	24	근심 환	46	山
3	효과	25	흉할 흉	47	心
4	환자	26	찰 한	48	③ 正
5	화석	27	허락 허	49	④ 同
6	호수	28	될 화	50	① 石
7	허가	29	본받을 효	51	② 特
8	공해	30	검을 흑	52	⑤ 明
9	한해	31	山河	53	③ 業
10	하천	32	寒地	54	② 夏
11	흑백	33	加害	55	⑤ 韓
12	흉계	34	特許	56	③ 話
13	효능	35	湖水	57	산과 강
14	환부	36	強化	58	추운 지방
15	강화	37	患部	59	검은 빛과 흰 빛
16	대호	38	效能	60	対
17	특허	39	凶計	61	礼
18	가해	40	黒白	62	発
19	한지	41	球	63	⑧
20	산하	42	消	64	③
21	물 하	43	業	65	①
22	해할 해	44	題		

四字小學
사 자 소 학

賢	能	身	我	이면	내 몸이 능히 어질면
어질 현	능할 능	몸 신	나 아		
母	父	及	譽	니라	칭찬이 부모님께 미치느니라
어미 모	아비 부	미칠 급	명예 예		

妹	姉	弟	兄	는	형제와 자매는
누이 매	맏누이 자	아우 제	형 형		
生	而	氣	同	이라	같은 기운을 받고 태어났음이라
날 생	말이을 이	기운 기	한가지 동		

恭	弟	友	兄	하야	형은 우애하고 아우는 공손하며
공손할 공	아우 제	우애할 우	형 형		
怒	怨	敢	不	하라	감히 원망하거나 성내지 말라
성낼 노	원망할 원	감히 감	아닐 불		

分	雖	肉	骨	이나	뼈와 살은 비록 나누어졌으나
나눌 분	비록 수	살 육	뼈 골		
氣	一	生	本	니라	본래 한 기운으로 태어났느니라
기운 기	한 일	날 생	근본 본		

異	雖	體	形	나	형체는 비록 다르나
다를 이	비록 수	몸 체	형상 형		
血	一	受	素	이니라	본래 한 핏줄을 받았느니라
피 혈	한 일	받을 수	본디 소		

木	於	之	比	이면	이것을 나무에 비유하면
나무 목	어조사 어	어조사 지	견줄 비		
枝	異	根	同	니라	뿌리는 같고 가지는 다른 것 이니라
가지 지	다를 이	뿌리 근	한가지 동		

5급 Ⅱ (1) 기출·예상문제

시험시간: 50분 / 출제문항수: 100개 / 합격점: 70개

1 다음 漢字語한자어의 讀音을 쓰세요.

(1) 效果 (　　　)　　(2) 失敗 (　　　)　　(3) 競技 (　　　)
(4) 健兒 (　　　)　　(5) 考案 (　　　)　　(6) 最善 (　　　)
(7) 約束 (　　　)　　(8) 船首 (　　　)　　(9) 獨島 (　　　)
(10) 規則 (　　　)　　(11) 要望 (　　　)　　(12) 卒業 (　　　)
(13) 相談 (　　　)　　(14) 結實 (　　　)　　(15) 晝夜 (　　　)
(16) 再建 (　　　)　　(17) 價格 (　　　)　　(18) 充當 (　　　)
(19) 改良 (　　　)　　(20) 原因 (　　　)　　(21) 通告 (　　　)
(22) 關心 (　　　)　　(23) 英雄 (　　　)　　(24) 歷史 (　　　)
(25) 落法 (　　　)　　(26) 種類 (　　　)　　(27) 舊橋 (　　　)
(28) 廣野 (　　　)　　(29) 寒害 (　　　)　　(30) 許可 (　　　)
(31) 性品 (　　　)　　(32) 到着 (　　　)　　(33) 識別 (　　　)
(34) 練習 (　　　)　　(35) 調節 (　　　)

2 다음 漢字의 訓과 音을 쓰세요.

(36) 質 (　　　)　　(37) 板 (　　　)　　(38) 患 (　　　)
(39) 局 (　　　)　　(40) 勞 (　　　)　　(41) 曜 (　　　)
(42) 寫 (　　　)　　(43) 責 (　　　)　　(44) 團 (　　　)
(45) 貯 (　　　)　　(46) 奉 (　　　)　　(47) 料 (　　　)
(48) 打 (　　　)　　(49) 現 (　　　)　　(50) 輕 (　　　)
(51) 熱 (　　　)　　(52) 速 (　　　)　　(53) 朗 (　　　)
(54) 救 (　　　)　　(55) 查 (　　　)　　(56) 的 (　　　)
(57) 湖 (　　　)　　(58) 敬 (　　　)

3 다음 밑줄 친 漢字語를 漢字로 쓰세요.

(59) 아침 공기가 맑습니다. ·· (　　　)

(60) 매일 아침 이를 닦습니다. ·· (　　)
(61) 산수 계산 문제를 풉니다. ·· (　　)
(62) 사람이 지킬 근본은 효도입니다. ·································· (　　)
(63) 시장에 물건이 많습니다. ·· (　　)
(64) 세계는 넓습니다. ··· (　　)
(65) 아침 신문이 왔습니다. ·· (　　)
(66) 남녀의 인권은 평등합니다. ··· (　　)
(67) 실내가 조용합니다. ·· (　　)
(68) 교장 선생님이 오십니다. ·· (　　)
(69) 출입문을 닫습니다. ·· (　　)
(70) 씩씩한 청년들이 옵니다. ·· (　　)
(71) 우리 형제는 모두 셋입니다. ·· (　　)
(72) 봄과 가을을 춘추라고 합니다. ····································· (　　)
(73) 동서쪽에 마을이 있습니다. ··· (　　)

4 다음 訓과 音에 맞는 漢字를 쓰세요.

(74) 집　당 (　　　)　　　(75) 느낄 감 (　　　)
(76) 다행 행 (　　　)　　　(77) 강할 강 (　　　)
(78) 길　로 (　　　)

5 다음 漢字와 뜻이 相對 또는 反對되는 한자를 쓰세요.

(79) 遠 ↔ (　　) 　(80) 曲 ↔ (　　) 　(81) 分 ↔ (　　)

6 다음 (　　)에 들어 갈 적절한 漢字語를 <例>에서 찾아 그 번호를 쓰세요.

　　<例> ① 草食　② 選手　③ 順序　④ 有口　⑤ 汽車　⑥ 福利

(82) 陸上(　　) : 달리기 등 뭍에서 하는 운동의 대표로 뽑힌 사람
(83) (　　)動物 : 풀을 주로 먹고 사는 동물

(84) 特急(　　　) : 운행 속도가 빠른 탈것
(85) (　　　)無言 : 입은 있어도 할 말이 없음

7 다음 漢字와 뜻이 같거나 비슷한 漢字를 <例>에서 찾아 그 번호를 쓰세요.

<例> ① 過　② 念　③ 任　④ 始　⑤ 貴　⑥ 末

(86) 思 (　　) 　　(87) 初 (　　) 　　(88) 去 (　　)

8 다음 漢字와 음은 같은데 뜻이 다른 漢字를 <例>에서 두 개씩 찾아 그 번호를 쓰세요.

<例> ① 州　② 罪　③ 切　④ 災　⑤ 昨　⑥ 展
　　　⑦ 戰　⑧ 族　⑨ 注　⑩ 在　⑪ 終　⑫ 章

(89) 典(　)(　) (90) 週(　)(　) (91) 財(　)(　)

9 다음 漢字語의 뜻을 풀이하세요.

<例> 登山 : 산에 오름

(92) 古木 :
(93) 養魚 :
(94) 停止 :

10 다음 漢字의 略字(약자:획수를 줄인 漢字)를 쓰세요.

<例> 體 - 体

(95) 學 (　　) 　　(96) 醫 (　　) 　　(97) 圖 (　　)

11 다음 ㉠획은 몇 번째 쓰는지 아래에서 찾아 그 번호를 쓰세요.
① 첫 번째　② 두 번째　③ 세 번째　④ 네 번째　⑤ 다섯 번째
⑥ 여섯 번째　⑦ 일곱 번째　⑧ 여덟 번째　⑨ 아홉 번째　⑩ 열 번째

(98) 形 (　) 　　(99) 邑 (　) 　　(100) 身 (　)

5급Ⅱ(1) 기출·예상문제 정답

1	효과	26	종류	51	더울 열	76	幸
2	실패	27	구교	52	빠를 속	77	强
3	경기	28	광야	53	밝을 랑	78	路
4	건아	29	한해	54	구원할 구	79	近
5	고안	30	허가	55	조사할 사	80	直
6	최선	31	성품	56	과녁 적	81	合
7	약속	32	도착	57	호수 호	82	② 選手
8	선수	33	식별	58	공경 경	83	① 草食
9	독도	34	연습	59	空氣	84	⑤ 汽車
10	규칙	35	조절	60	每日	85	④ 有口
11	요망	36	바탕 질	61	計算	86	② 念
12	졸업	37	널 판	62	孝道	87	④ 始
13	상담	38	근심 환	63	市場	88	① 過
14	결실	39	판 국	64	世界	89	⑥展 ⑦戰
15	주야	40	일할 로	65	新聞	90	①州 ⑨注
16	재건	41	빛날 요	66	男女	91	④災 ⑩在
17	가격	42	베낄 사	67	室內	92	오래된 나무
18	충당	43	꾸짖을 책	68	校長	93	물고기를 기름
19	개량	44	둥글 단	69	出入	94	멎거나 그침
20	원인	45	쌓을 저	70	靑年	95	学
21	통고	46	받들 봉	71	兄弟	96	医
22	관심	47	헤아릴 료	72	春秋	97	図
23	영웅	48	칠 타	73	東西	98	②
24	역사	49	나타날 현	74	堂	99	④
25	낙법	50	가벼울 경	75	感	100	⑦

5급Ⅱ(2) 기출·예상문제

시험시간: 50분 / 출제문항수: 100개 / 합격점: 70개

1 다음 漢字語한자어의 讀音을 쓰세요.

(1) 客室 (　　)　(2) 先任 (　　)　(3) 敎具 (　　)
(4) 中性 (　　)　(5) 萬歲 (　　)　(6) 木材 (　　)
(7) 課長 (　　)　(8) 有害 (　　)　(9) 以後 (　　)
(10) 本質 (　　)　(11) 信念 (　　)　(12) 展望 (　　)
(13) 必然 (　　)　(14) 效果 (　　)　(15) 江湖 (　　)
(16) 奉仕 (　　)　(17) 石炭 (　　)　(18) 參加 (　　)
(19) 運河 (　　)　(20) 等數 (　　)　(21) 最短 (　　)
(22) 主題 (　　)　(23) 代表 (　　)　(24) 合唱 (　　)
(25) 競技 (　　)　(26) 賣買 (　　)　(27) 觀光 (　　)
(28) 冬期 (　　)　(29) 洗手 (　　)　(30) 開發 (　　)
(31) 道德 (　　)　(32) 功勞 (　　)　(33) 住宅 (　　)
(34) 窓口 (　　)　(35) 團結 (　　)

2 다음 漢字의 訓과 音을 쓰세요.

(36) 都 (　　)　(37) 初 (　　)　(38) 典 (　　)
(39) 告 (　　)　(40) 書 (　　)　(41) 物 (　　)
(42) 士 (　　)　(43) 半 (　　)　(44) 飮 (　　)
(45) 放 (　　)　(46) 定 (　　)　(47) 寫 (　　)
(48) 童 (　　)　(49) 順 (　　)　(50) 情 (　　)
(51) 分 (　　)　(52) 種 (　　)　(53) 雪 (　　)
(54) 關 (　　)　(55) 衣 (　　)　(56) 仙 (　　)
(57) 見 (　　)　(58) 成 (　　)

3 다음 밑줄 친 漢字語를 漢字로 쓰세요.

(59) 요즘 <u>감기</u>는 조심해야 합니다. ·················· (　　)

(60) 우리나라의 좋은 풍습을 지켜 나가야 합니다. ……… (   )
(61) 매월 봉사활동을 나갑니다. ……………………… (   )
(62) 그곳은 교통이 복잡합니다. ……………………… (   )
(63) 외출하기에 좋은 날씨입니다. …………………… (   )
(64) 그 상가는 지하 1층에 있습니다. ………………… (   )
(65) 차례로 입장해야 합니다. ………………………… (   )
(66) 분명하게 자신의 의사를 밝히는 것이 좋습니다. …… (   )
(67) 이번 행사는 규모가 매우 큽니다. ………………… (   )
(68) 학교 소식을 알리는 기사로서 최선을 다했습니다. ‥ (   )
(69) 특별한 손님으로 초대 받았습니다. ……………… (   )
(70) 전화를 드려서 약속을 정했습니다. ……………… (   )
(71) 영화관을 가려면 시내로 나가야 합니다. ………… (   )
(72) 이번 대회에서 우승할 것입니다. ………………… (   )
(73) 가족과 함께 하는 것은 행복합니다. ……………… (   )

4 다음 訓과 音에 맞는 漢字를 쓰세요.
(74) 각각 각 (   )　　　(75) 눈 목 (   )
(76) 아침 조 (   )　　　(77) 어제 작 (   )
(78) 꽃부리 영 (   )

5 다음 漢字와 뜻이 相對 또는 反對되는 한자를 쓰세요.
(79) (   ) ↔ 今　　(80) 曲 ↔ (   )　　(81) (   ) ↔ 終

6 다음 (   )에 들어 갈 漢字를 <例>에서 찾아 그 번호를 써서 漢字語를 만드세요.

　　<例>　① 千　② 市　③ 愛　④ 事　⑤ 速　⑥ 言

(82) 敬天(   )人 : 하늘을 공경하고 사람을 사랑함
(83) 高(   )道路 : 자동차가 고속으로 달릴 수 있도록 만든 도로

(84) 不遠(　)里 : 천리 길도 멀다고 생각지 않음
(85) 一口二(　) : 한 입으로 두 말을 한다는 뜻

7 다음 漢字와 뜻이 같거나 비슷한 漢字를 <例>에서 찾아 그 번호를 쓰세요.

<例> ① 止　② 念　③ 偉　④ 始　⑤ 章　⑥ 末

(86) 太 (　)　　(87) 文 (　)　　(88) 停 (　)

8 다음 漢字와 音은 같은데 뜻이 다른 漢字를 <例>에서 찾아 그 번호를 쓰세요.

<例> ① 州　② 線　③ 右　④ 災　⑤ 昨　⑥ 車

(89) 雨 (　)　　(90) 船 (　)　　(91) 擧 (　)

9 다음 漢字語의 뜻을 풀이하세요.

<例> 登山 : 산에 오름

(92) 相知 :
(93) 落葉 :
(94) 名所 :

10 다음 漢字의 略字(약자:획수를 줄인 漢字)를 쓰세요.

<例> 體 - 体

(95) 對 (　)　(96) 號 (　)　(97) 區 (　)

11 다음 ㉠획은 몇 번째 쓰는지 아래에서 찾아 그 번호를 쓰세요.

① 첫 번째　② 두 번째　③ 세 번째　④ 네 번째　⑤ 다섯 번째
⑥ 여섯 번째　⑦ 일곱 번째　⑧ 여덟 번째　⑨ 아홉 번째　⑩ 열 번째

(98) 路 (　)　(99) 病 (　)　(100) 式 (　)

5급Ⅱ(2) 기출·예상문제 정답

1	객실	26	매매	51	나눌 분	76	朝
2	선임	27	관광	52	씨 종	77	昨
3	교구	28	동기	53	눈 설	78	英
4	중성	29	세수	54	관계할 관	79	古
5	만세	30	개발	55	옷 의	80	直
6	목재	31	도덕	56	신선 선	81	始
7	과장	32	공로	57	볼 견	82	③ 愛
8	유해	33	주택	58	이룰 성	83	⑤ 速
9	이후	34	창구	59	感氣	84	① 千
10	본질	35	단결	60	風習	85	⑥ 言
11	신념	36	도울 도	61	每月	86	③ 偉
12	전망	37	처음 초	62	交通	87	⑤ 章
13	필연	38	법 전	63	外出	88	① 止
14	효과	39	고할 고	64	地下	89	③ 右
15	강호	40	글 서	65	入場	90	② 線
16	봉사	41	물건 물	66	自身	91	⑥ 車
17	석탄	42	선비 사	67	行事	92	서로 아는 사이
18	참가	43	반 반	68	記事	93	떨어진 나무 잎 나뭇잎이 떨어짐
19	운하	44	마실 음	69	特別	94	이름난 곳
20	등수	45	놓을 방	70	電話	95	対
21	최단	46	정할 정	71	市內	96	号
22	주제	47	베낄 사	72	大會	97	区
23	대표	48	아이 동	73	家族	98	⑦
24	합창	49	순할 순	74	各	99	⑤
25	경기	50	뜻 정	75	目	100	⑥

5급(3) 기출·예상문제

시험시간: 50분 / 출제문항수: 100개 / 합격점: 70개

1 다음 漢字語한자어의 讀音을 쓰세요.

(1) 要約 (　　) (2) 歲費 (　　) (3) 賞品 (　　)
(4) 祝福 (　　) (5) 性質 (　　) (6) 許可 (　　)
(7) 黑炭 (　　) (8) 調査 (　　) (9) 改善 (　　)
(10) 鐵馬 (　　) (11) 變化 (　　) (12) 規則 (　　)
(13) 量産 (　　) (14) 傳說 (　　) (15) 都賣 (　　)
(16) 歷史 (　　) (17) 觀光 (　　) (18) 展望 (　　)
(19) 養魚 (　　) (20) 感情 (　　) (21) 責任 (　　)
(22) 原因 (　　) (23) 德談 (　　) (24) 古典 (　　)
(25) 打順 (　　) (26) 參席 (　　) (27) 到着 (　　)
(28) 船團 (　　) (29) 卒業 (　　) (30) 陸橋 (　　)
(31) 實效 (　　) (32) 通過 (　　) (33) 停止 (　　)
(34) 考案 (　　) (35) 旅客 (　　)

2 다음 漢字의 訓과 音을 쓰세요.

(36) 朗 (　　) (37) 廣 (　　) (38) 念 (　　)
(39) 操 (　　) (40) 熱 (　　) (41) 偉 (　　)
(42) 料 (　　) (43) 領 (　　) (44) 曜 (　　)
(45) 貯 (　　) (46) 店 (　　) (47) 最 (　　)
(48) 致 (　　) (49) 湖 (　　) (50) 雨 (　　)
(51) 族 (　　) (52) 淸 (　　) (53) 速 (　　)
(54) 形 (　　) (55) 筆 (　　) (56) 勝 (　　)
(57) 理 (　　) (58) 浴 (　　)

3 다음 밑줄 친 漢字語를 漢字로 쓰세요.

(59) <u>출입</u>문을 닫습니다. ·· (　　)

(60) 주민들이 모입니다. ( )

(61) 여기는 동물원입니다. ( )

(62) 자연을 보호합시다. ( )

(63) 오늘은 우리학교 개교기념일입니다. ( )

(64) 마당에 화초를 가꿉니다. ( )

(65) 고공에서 낙하산을 폅니다. ( )

(66) 아버지와 등산을 합니다. ( )

(67) 내일은 일요일입니다. ( )

(68) 부모님께 말씀드렸습니다. ( )

(69) 남북으로 창을 냈습니다. ( )

(70) 교육이 잘 돼야 나라도 잘 됩니다. ( )

(71) 세계 지도를 봅니다. ( )

(72) 자동차 도로가 넓습니다. ( )

(73) 숙제를 하고 나니 안심이 됩니다. ( )

4 다음 訓과 音에 맞는 漢字를 쓰세요.

(74) 특별할 특( )   (75) 기다릴 대( )

(76) 아이 동( )   (77) 급할 급( )

(78) 익힐 습( )

5 다음 漢字와 뜻이 相對 또는 反對되는 한자를 쓰세요.

(79) 生 ↔ ( )   (80) 輕 ↔ ( )   (81) 無 ↔ ( )

6 다음 ( )에 들어 갈 적절한 漢字語를 <例>에서 찾아 그 번호를 쓰세요.

<例> ① 敗家 ② 選手 ③ 百年 ④ 孝親 ⑤ 今時 ⑥ 福利

(82) ( )大計 : 백년을 내다보고 세우는 큰 계획

(83) ( )初聞 : 이제야 비로소 처음 들음

(84) (　　)亡身 : 집안의 재산을 다 없애고 몸을 망침
(85) 敬老(　　) : 노인을 공경하고 어버이에게 효도함

7 다음 漢字와 뜻이 같거나 비슷한 漢字를 <例>에서 찾아 그 번호를 쓰세요.

<例> ① 冷　② 念　③ 永　④ 始　⑤ 貴　⑥ 末

(86) 遠 (　　)　　(87) 終 (　　)　　(88) 寒 (　　)

8 다음 漢字와 音은 같은데 뜻이 다른 漢字를 <例>에서 두 개씩 찾아 그 번호를 쓰세요.

<例> ① 州　② 鮮　③ 具　④ 災　⑤ 健　⑥ 展
　　　⑦ 戰　⑧ 件　⑨ 注　⑩ 線　⑪ 舊　⑫ 章

(89) 球(　)(　)　(90) 建(　)(　)　(91) 選(　)(　)

9 다음 뜻풀이에 맞는 漢字語를 <例>에서 찾아 그 번호를 쓰세요.

<例> ①木材　②木在　③奉仕　④奉事　⑤競技　⑥競起

(92) 몸과 마음을 다하여 일함 (　　)
(93) 나무로 된 재료 (　　)
(94) 기술을 겨루는 일 (　　)

10 다음 漢字의 略字(약자:획수를 줄인 漢字)를 쓰세요.

<例> 體 - 体

(95) 氣 (　　)　　(96) 數 (　　)　　(97) 戰 (　　)

11 다음 ㉠획은 몇 번째 쓰는지 아래에서 찾아 그 번호를 쓰세요.

① 첫 번째　② 두 번째　③ 세 번째　④ 네 번째　⑤ 다섯 번째
⑥ 여섯 번째　⑦ 일곱 번째　⑧ 여덟 번째　⑨ 아홉 번째　⑩ 열 번째

(98) 內 (　　)　　(99) 女 (　　)　　(100) 聞 (　　)

5급(3) 기출·예상문제 정답

1	요약	26	참석	51	겨레 족	76	童
2	세비	27	도착	52	맑을 청	77	急
3	상품	28	선단	53	빠를 속	78	習
4	축복	29	졸업	54	모양 형	79	死
5	성질	30	육교	55	붓 필	80	重
6	허가	31	실효	56	이길 승	81	有
7	흑탄	32	통과	57	다스릴 리	82	③ 百年
8	조사	33	정지	58	목욕할 욕	83	⑤ 今時
9	개선	34	고안	59	出入	84	① 敗家
10	철마	35	여객	60	住民	85	④ 孝親
11	변화	36	밝을 랑	61	動物	86	③ 永
12	규칙	37	넓을 광	62	自然	87	⑥ 末
13	양산	38	생각 념	63	開校	88	① 冷
14	전설	39	잡을 조	64	花草	89	③具 ⑪舊
15	도매	40	더울 열	65	高空	90	⑤健 ⑧件
16	역사	41	클 위	66	登山	91	②鮮 ⑩線
17	관광	42	헤아릴 료	67	來日	92	③ 奉仕
18	전망	43	거느릴 령	68	父母	93	① 木材
19	양어	44	빛날 요	69	南北	94	⑤ 競技
20	감정	45	쌓을 저	70	教育	95	気
21	책임	46	가게 점	71	世界	96	数
22	원인	47	가장 최	72	道路	97	戦
23	덕담	48	이를 치	73	安心	98	④
24	고전	49	호수 호	74	特	99	③
25	타순	50	비 우	75	待	100	⑨

5급(4) 기출·예상문제

시험시간: 50분 / 출제문항수: 100개 / 합격점: 70개

1 다음 漢字語한자어의 讀音을 쓰세요.

(1) 關北 (　　) (2) 奉仕 (　　) (3) 法度 (　　)
(4) 耳目 (　　) (5) 最强 (　　) (6) 可當 (　　)
(7) 原始 (　　) (8) 公園 (　　) (9) 合板 (　　)
(10) 決選 (　　) (11) 過熱 (　　) (12) 教具 (　　)
(13) 德談 (　　) (14) 期約 (　　) (15) 無效 (　　)
(16) 黑雲 (　　) (17) 改善 (　　) (18) 風流 (　　)
(19) 競爭 (　　) (20) 着工 (　　) (21) 消化 (　　)
(22) 順番 (　　) (23) 黃河 (　　) (24) 韓服 (　　)
(25) 所感 (　　) (26) 落葉 (　　) (27) 表情 (　　)
(28) 品質 (　　) (29) 親舊 (　　) (30) 卒本 (　　)
(31) 高貴 (　　) (32) 雄健 (　　) (33) 産兒 (　　)
(34) 展示 (　　) (35) 鐵路 (　　)

2 다음 漢字의 訓과 音을 쓰세요.

(36) 去 (　　) (37) 念 (　　) (38) 買 (　　)
(39) 童 (　　) (40) 倍 (　　) (41) 洗 (　　)
(42) 救 (　　) (43) 仙 (　　) (44) 完 (　　)
(45) 令 (　　) (46) 終 (　　) (47) 章 (　　)
(48) 淸 (　　) (49) 偉 (　　) (50) 向 (　　)
(51) 億 (　　) (52) 室 (　　) (53) 罪 (　　)
(54) 給 (　　) (55) 亡 (　　) (56) 都 (　　)
(57) 良 (　　) (58) 班 (　　)

3 다음 밑줄 친 漢字語를 漢字로 쓰세요.

(59) 이번 일로 <u>자신</u>을 얻었습니다. ·················· (　　)

(60) 도시를 벗어나 맑은 공기를 마셨습니다. ……………… (   )
(61) 가족들과 함께 한 등산은 즐거웠습니다. ……………… (   )
(62) 음식점을 개업할 것입니다. ……………………………… (   )
(63) 그 분은 세계 평화를 위해 헌신하신 분입니다. ……… (   )
(64) 이 지역은 교통이 편리합니다. …………………………… (   )
(65) 새 차 대신에 중고차를 샀습니다. ……………………… (   )
(66) 앞으로 이용하는 사람이 늘어날 것입니다. …………… (   )
(67) 이제 곧 활동을 시작합니다. ……………………………… (   )
(68) 분명한 태도를 취할 필요가 있습니다. ………………… (   )
(69) 중간에 간식을 먹었습니다. ……………………………… (   )
(70) 이만한 것이 다행이라고 생각합니다. ………………… (   )
(71) 젊어서 고생은 사서도 한다는 말이 있습니다. ……… (   )
(72) 현재 하고 있는 일이 무엇입니까? ……………………… (   )
(73) 운전을 할 때는 안전 운행을 해야 합니다. …………… (   )

4 다음 訓과 音에 맞는 漢字를 쓰세요.

(74) 싸움 전 (   )   (75) 은 은 (   )
(76) 놓을 방 (   )   (77) 기다릴 대 (   )
(78) 실과 과 (   )

5 다음 漢字와 뜻이 相對 또는 反對되는 한자를 쓰세요.

(79) 曲 ↔ (   )   (80) 敗 ↔ (   )   (81) 輕 ↔ (   )

6 다음 (   )에 들어 갈 적절한 漢字語를 <例>에서 찾아 그 번호를 쓰세요.

   <例> ① 患者 ② 門前 ③ 地變 ④ 特筆 ⑤ 今時 ⑥ 福利

(82) 天災(   ) : 자연 현상으로 일어나는 재앙
(83) (   )成市 : 문 앞에 찾아오는 사람이 많아 저자를 이룸

(84) 大書(　　　) : 뚜렷이 큰 글자로 특별히 보도함
(85) 外來(　　　) : 진찰이나 치료를 받으러 오는 환자

7 다음 漢字와 뜻이 같거나 비슷한 漢字를 <例>에서 찾아 그 번호를 쓰세요.

<例> ① 冷　② 旅　③ 永　④ 頭　⑤ 急　⑥ 末

(86) 客 (　　) 　　(87) 首 (　　) 　　(88) 速 (　　)

8 다음 漢字와 音은 같은데 뜻이 다른 漢字를 <例>에서 찾아 그 번호를 쓰세요.

<例> ① 州　② 傳　③ 右　④ 的　⑤ 昨　⑥ 圖

(89) 到 (　　) 　　(90) 赤 (　　) 　　(91) 典 (　　)

9 다음 뜻풀이에 맞는 漢字語를 <例>에서 찾아 그 번호를 쓰세요.

<例> ①神兵　②新兵　③父祖　④不調　⑤記事　⑥記寫

(92) 새로 입대한 병사 (　　　)
(93) 날씨나 건강 상태 따위가 고르지 못함 (　　　)
(94) 사실을 적은 글 (　　　)

10 다음 漢字의 略字(약자:획수를 줄인 漢字)를 쓰세요.

<例> 體 - 体

(95) 發 (　　) 　　(96) 禮 (　　) 　　(97) 號 (　　)

11 다음 ㉠획은 몇 번째 쓰는지 아래에서 찾아 그 번호를 쓰세요.
① 첫 번째　② 두 번째　③ 세 번째　④ 네 번째　⑤ 다섯 번째
⑥ 여섯 번째　⑦ 일곱 번째　⑧ 여덟 번째　⑨ 아홉 번째　⑩ 열 번째

(98) 和 (　　)　　(99) 遠 (　　)　　(100) 野 (　　)

5급(4) 기출·예상문제 정답

1	관북	26	낙엽	51	억 억	76	放
2	봉사	27	표정	52	집 실	77	待
3	법도	28	품질	53	허물 죄	78	果
4	이목	29	친구	54	줄 급	79	直
5	최강	30	졸본	55	망할 망	80	勝
6	가당	31	고귀	56	도읍 도	81	重
7	원시	32	웅건	57	어질 량	82	③ 地變
8	공원	33	산아	58	나눌 반	83	② 門前
9	합판	34	전시	59	自信	84	④ 特別
10	결선	35	철로	60	空氣	85	① 患者
11	과열	36	갈 거	61	登山	86	② 旅
12	교구	37	생각 념	62	開業	87	④ 頭
13	덕담	38	살 매	63	世界	88	⑤ 急
14	기약	39	아이 동	64	交通	89	⑥ 圖
15	무효	40	곱 배	65	中古	90	④ 的
16	흑운	41	씻을 세	66	利用	91	② 傳
17	개선	42	구원할 구	67	活動	92	② 新兵
18	풍류	43	신선 선	68	分明	93	④ 不調
19	경쟁	44	완전할 완	69	間食	94	⑤ 記事
20	착공	45	하여금 령	70	多幸	95	発
21	소화	46	마칠 종	71	苦生	96	礼
22	순번	47	글 장	72	現在	97	号
23	황하	48	맑을 청	73	安全	98	②
24	한복	49	클 위	74	戰	99	②
25	소감	50	향할 향	75	銀	100	⑩

5급(5) 기출·예상문제
시험시간: 50분 / 출제문항수: 100개 / 합격점: 70개

1 다음 漢字語한자어의 讀音을 쓰세요.

(1) 到着 (　　) (2) 末期 (　　) (3) 案件 (　　)
(4) 奉仕 (　　) (5) 過客 (　　) (6) 作曲 (　　)
(7) 必要 (　　) (8) 節約 (　　) (9) 冷情 (　　)
(10) 鐵窓 (　　) (11) 良質 (　　) (12) 種類 (　　)
(13) 序頭 (　　) (14) 開店 (　　) (15) 變則 (　　)
(16) 停止 (　　) (17) 原因 (　　) (18) 知識 (　　)
(19) 材料 (　　) (20) 卓球 (　　) (21) 善惡 (　　)
(22) 寒害 (　　) (23) 敗亡 (　　) (24) 競爭 (　　)
(25) 最終 (　　) (26) 勞使 (　　) (27) 黑板 (　　)
(28) 順位 (　　) (29) 實査 (　　) (30) 熱望 (　　)
(31) 性格 (　　) (32) 結氷 (　　) (33) 廣野 (　　)
(34) 技術 (　　) (35) 法規 (　　)

2 다음 漢字의 訓과 音을 쓰세요.

(36) 改 (　　) (37) 感 (　　) (38) 勇 (　　)
(39) 綠 (　　) (40) 流 (　　) (41) 旅 (　　)
(42) 獨 (　　) (43) 費 (　　) (44) 倍 (　　)
(45) 朗 (　　) (46) 買 (　　) (47) 救 (　　)
(48) 船 (　　) (49) 給 (　　) (50) 都 (　　)
(51) 商 (　　) (52) 貯 (　　) (53) 院 (　　)
(54) 固 (　　) (55) 責 (　　) (56) 領 (　　)
(57) 效 (　　) (58) 養 (　　)

3 다음 밑줄 친 漢字語를 漢字로 쓰세요.

(59) <u>공기</u>가 맑습니다. ·· (　　)

(60) 장소가 넓습니다. ………………………………… (   )
(61) 소년단에 들었습니다. ……………………………… (   )
(62) 답안지에 성명을 꼭 씁니다. ……………………… (   )
(63) 마당에 화초가 많습니다. ………………………… (   )
(64) 교실이 깨끗합니다. ………………………………… (   )
(65) 효도하는 마음을 효심이라고 합니다. ………… (   )
(66) 정직한 마음이 으뜸입니다. ……………………… (   )
(67) 오후 날씨가 선선합니다. ………………………… (   )
(68) 농촌은 공기가 맑습니다. ………………………… (   )
(69) 체육 시간은 즐겁습니다. ………………………… (   )
(70) 그것은 내가 애용하는 물건입니다. …………… (   )
(71) 동서 방향이 확 트인 곳입니다. ………………… (   )
(72) 토지가 좋아 농사가 잘 됩니다. ………………… (   )
(73) 매일 아침 세수를 합니다. ………………………… (   )

4 다음 訓과 音에 맞는 漢字를 쓰세요.
(74) 나무 수 (   )   (75) 푸를 청 (   )
(76) 통할 통 (   )   (77) 뿌리 근 (   )
(78) 뜻   의 (   )

5 다음 漢字와 뜻이 相對 또는 反對되는 한자를 쓰세요.
(79) 夏 ↔ (   )   (80) 舊 ↔ (   )   (81) 遠 ↔ (   )

6 다음 (   )에 들어 갈 적절한 漢字語를 <例>에서 찾아 그 번호를 쓰세요.

　　<例> ① 自手   ② 選手   ③ 生老   ④ 孝親   ⑤ 安樂   ⑥ 大書

(82) (   )病死 : 태어나고, 늙고, 병들고, 죽는 네 가지 고통
(83) (   )成家 : 스스로의 힘으로 한 집안을 이룩하는 일

(84) (　　　)特筆 : 특별히 큰 글자로 씀
(85) 萬民(　　　) : 모든 백성이 편안하고 즐거움

7 다음 漢字와 뜻이 같거나 비슷한 漢字를 <例>에서 찾아 그 번호를 쓰세요.

<例> ① 冷　② 童　③ 永　④ 言　⑤ 念　⑥ 末

(86) 兒 (　　)　　(87) 思 (　　)　　(88) 談 (　　)

8 다음 漢字와 음은 같은데 뜻이 다른 漢字를 <例>에서 두 개씩 찾아 그 번호를 쓰세요.

<例> ① 州　② 傳　③ 具　④ 團　⑤ 健　⑥ 景
　　　⑦ 戰　⑧ 件　⑨ 敬　⑩ 言　⑪ 短　⑫ 章

(89) 展(　)(　)　(90) 壇(　)(　)　(91) 輕(　)(　)

9 다음 뜻풀이에 맞는 漢字語를 <例>에서 찾아 그 번호를 쓰세요.

<例> ①道德　②度德　③不動産　④不同産　⑤祖先　⑥朝鮮

(92) 사람이 지켜야 할 도리 (　　　)
(93) 토지나 건물 등의 재산 (　　　)
(94) 우리나라의 옛 이름 (　　　)

10 다음 漢字의 略字(약자:획수를 줄인 漢字)를 쓰세요.

<例> 體 - 体

(95) 學 (　　)　(96) 醫 (　　)　(97) 畫 (　　)

11 다음 ㉠획은 몇 번째 쓰는지 아래에서 찾아 그 번호를 쓰세요.

① 첫 번째　② 두 번째　③ 세 번째　④ 네 번째　⑤ 다섯 번째
⑥ 여섯 번째　⑦ 일곱 번째　⑧ 여덟 번째　⑨ 아홉 번째　⑩ 열 번째

(98) 出 (　)　(99) 耳 (　)　(100) 歲 (　)

5급(5) 기출·예상문제 정답

1	도착	26	노사	51	장사 상	76	通
2	말기	27	흑판	52	쌓을 저	77	根
3	안건	28	순위	53	집 원	78	意
4	봉사	29	실사	54	굳을 고	79	冬
5	과객	30	열망	55	꾸짖을 갈	80	新
6	작곡	31	성격	56	거느릴 령	81	近
7	필요	32	결빙	57	본받을 효	82	③ 生老
8	절약	33	광야	58	기를 양	83	① 自手
9	냉정	34	기술	59	空氣	84	⑥ 大書
10	철창	35	법규	60	場所	85	⑤ 安樂
11	양질	36	고칠 개	61	少年	86	② 童
12	종류	37	느낄 감	62	姓名	87	⑤ 念
13	서두	38	날랠 용	63	花草	88	④ 言
14	개점	39	푸를 록	64	敎室	89	②傳 ⑦戰
15	변칙	40	흐를 류	65	孝心	90	④團 ⑪短
16	정지	41	나그네 려	66	正直	91	⑥景 ⑨敬
17	원인	42	홀로 독	67	午後	92	① 道德
18	지식	43	쓸 비	68	農村	93	③ 不動産
19	재료	44	곱 배	69	時間	94	⑥ 朝鮮
20	탁구	45	밝을 랑	70	愛用	95	学
21	선악	46	살 매	71	東西	96	医
22	한해	47	구원할 구	72	土地	97	画
23	패망	48	배 선	73	每日	98	①
24	경쟁	49	줄 급	74	樹	99	⑤
25	최종	50	도읍 도	75	靑	100	③

부수자(部首字: 214자) 일람표(一覽表)

1 획
- 一 한 일
- 丨 뚫을 곤
- 丶 점 주
- 丿 삐칠 별
- 乙 새 을
- 亅 갈고리 궐

2 획
- 二 두 이
- 亠 머리부분 두
- 人亻 사람 인
- 儿 어진사람인
- 入 들 입
- 八 나눌 팔
- 冂 멀 경
- 冖 덮을 멱
- 冫 얼음 빙
- 几 걸상 궤
- 凵 입벌릴 감
- 刀 칼 도
- 力 힘 력
- 勹 감쌀 포
- 匕 숟가락 비
- 匚 상자 방
- 匸 감출 혜
- 十 열 십
- 卜 점 복
- 卩㔾 병부절
- 厂 언덕 한
- 厶 사사 사
- 又 손 우

3 획
- 口 입 구
- 囗 에워쌀 위
- 土 흙 토
- 士 선비 사
- 夂 뒤져올 치
- 夊 천천히 걸을 쇠
- 夕 저녁 석
- 大 큰 대
- 女 계집 녀
- 子 아들 자
- 宀 집 면
- 寸 마디 촌
- 小 작을 소
- 尢 절름발이 왕
- 尸 누울 시
- 屮 싹날 철
- 山 메 산
- 巛 내 천
- 工 장인 공
- 己 몸 기
- 巾 수건 건
- 干 방패 간
- 幺 작을 요
- 广 집 엄
- 廴 연이어 걸을 인
- 廾 두손 공
- 弋 주살 익
- 弓 활 궁
- 彐 돼지머리 계
- 彡 무늬 삼
- 彳 걸을 척

4 획
- 心 마음 심
- 戈 창 과
- 戶 지게문 호
- 手扌 손 수
- 支 나눌 지
- 攴攵 칠 복
- 文 글월 문
- 斗 말 두
- 斤 도끼 근
- 方 모 방
- 无 없을 무
- 日 해 일
- 曰 말할 왈
- 月 달 월
- 木 나무 목
- 欠 하품 흠
- 止 그칠 지
- 歹 남은뼈 알
- 殳 창 수
- 毋 말 무
- 比 견줄 비
- 毛 터럭 모
- 氏 뿌리 씨
- 气 기운 기
- 水氵 물 수
- 火灬 불 화
- 爪 손톱 조
- 父 아비 부
- 爻 점괘 효
- 爿 조각 장
- 片 조각 편
- 牙 어금니 아
- 牛 소 우
- 犬犭 개 견

5 획
- 玄 검을 현
- 玉 구슬 옥
- 瓜 외 과
- 瓦 기와 와
- 甘 달 감
- 生 날 생
- 用 쓸 용
- 田 밭 전
- 疋 발 소
- 疒 병들 녁
- 癶 걸을 발
- 白 흰 백
- 皮 가죽 피
- 皿 그릇 명
- 目 눈 목
- 矛 창 모
- 矢 화살 시
- 石 돌 석
- 示 보일 시
- 内 짐승발자국 유
- 禾 벼 화
- 穴 구멍 혈
- 立 설 립

6 획
- 竹 대 죽
- 米 쌀 미
- 糸 실 사
- 缶 장군 부
- 网 그물 망
- 羊 양 양
- 羽 날개 우
- 老 늙을 로
- 而 말이을 이
- 耒 쟁기 뢰
- 耳 귀 이
- 聿 붓 률
- 肉 고기 육
- 臣 신하 신
- 自 코 자
- 至 이를 지
- 臼 절구 구
- 舌 혀 설
- 舛 어그러질 천
- 舟 배 주
- 艮 괘이름 간
- 色 빛 색
- 艸 풀 초
- 虍 범무늬 호
- 虫 벌레 충
- 血 피 혈
- 行 다닐 행
- 衣 옷 의
- 襾 덮을 아

7 획
- 見 볼 견
- 角 뿔 각
- 言 말씀 언
- 谷 골 곡
- 豆 콩 두
- 豕 돼지 시
- 豸 사나운짐승 치
- 貝 조개 패
- 赤 붉을 적
- 走 달릴 주
- 足 발 족
- 身 몸 신
- 車 수레 거(차)
- 辛 매울 신
- 辰 별 진
- 辵 갈 착
- 邑 고을 읍
- 酉 술 유
- 釆 분별할 변
- 里 마을 리

8 획
- 金 쇠 금
- 長 긴 장
- 門 문 문
- 阜 언덕 부
- 隶 미칠 체
- 隹 새 추
- 雨 비 우
- 青 푸를 청
- 非 아닐 비

9 획
- 面 낯 면
- 革 가죽 혁
- 韋 다룸가죽 위
- 韭 부추 구
- 音 소리 음
- 頁 머리 혈
- 風 바람 풍
- 飛 날 비
- 食 밥 식
- 首 머리 수
- 香 향기 향

10 획
- 馬 말 마
- 骨 뼈 골
- 高 높을 고
- 髟 털늘어질 표
- 鬥 싸울 투
- 鬯 기장술 창
- 鬲 오지병 격
- 鬼 귀신 귀

11 획
- 魚 물고기 어
- 鳥 새 조
- 鹵 소금밭 로
- 鹿 사슴 록
- 麥 보리 맥
- 麻 삼 마

12 획
- 黃 누를 황
- 黍 기장 서
- 黑 검을 흑
- 黹 바느질할 치

13 획
- 黽 맹꽁이 맹
- 鼎 솥 정
- 鼓 북 고
- 鼠 쥐 서

14 획
- 鼻 코 비
- 齊 가지런할 제

15 획
- 齒 이 치

16 획
- 龍 용 룡
- 龜 거북 귀

17 획
- 龠 피리 약